JN091093

旅行業務取扱
管理者試験
の分析

廣岡裕一 hirooka yuichi

文理閣

はじめに

　旅行業務取扱管理者の制度は、旅行業務取扱主任者として 1971 年に旅行業法が旅行あっ旋業法から改題された改正で設けられた。この制度は、旅行業者の営業所ごとに 1 人以上の旅行業務取扱主任者の選任を義務づけるもので、旅行業務取扱主任者として選任されるには、旅行業務取扱主任者試験に合格するか、それと同等以上の知識及び能力を有すると運輸大臣が認定した者である必要があった。その後、認定制度は 1982 年の改正で廃され、国家試験合格者のみに一本化されている。

　1971 年の改正旅行業法は、同年 5 月 10 日に公布され、同年 11 月 10 日から施行されたが、この法律に基づいて、翌 1972 年、第 1 回の国内旅行業務取扱主任者試験、一般旅行業務取扱主任者試験が実施された。その後、1995 年の旅行業法の改正では、旅行業の登録制度が改正され、旅行業の登録における「一般」「国内」という旅行業の種別は廃止されたが、旅行業務取扱主任者試験においては、「一般」「国内」の区別に変更はなされていない。ただし、試験科目数は、それまで「一般」8 科目、「国内」4 科目であったものが、「一般」4 科目、「国内」3 科目になっている。もっとも、これは、複数科目が集約されたもので、試験範囲が狭まったものではない[1]。

　その後、2004 年の改正で、旅行業務取扱主任者の名称を含む変更がなされた。これまでの「旅行業務取扱主任者」が「旅行業務取扱管理者」とされ、「一般旅行業務取扱主任者試験」は「総合旅行業務取扱管理者試験」とされ、「国内旅行業務取扱主任者試験」は「国内旅行業務取扱管理者試験」となった。2005 年より旅行業務取扱管理者試験として実施されている。

　この制度が設けられたのは、旅行業務の内容も高度の知識経験を必要とされる専門的なものとなり、旅行業に従事する者の質的向上を図り、旅行者の保護及び旅行サービスの水準の向上を図るためである。しかし、旅行者その他の取引の相手方との関係においては、他の従業員と全く同じく、取引の相

手方に対して、何ら特別の権利義務関係にたつものではない。また、行政法上でも、何ら特別の公法上の義務を負うものではない[2]。すなわち、制度創設の段階から旅行業務取扱主任者に実質的な権限を付与するというような意向は、なかった。この制度の導入は、消費者保護に寄与することが目的ではあるが、旅行業界を発展させるために、その従業者を何とかして勉強させようとしたことにねらいがあったと考えられる[3]。また、1971 年の当時の運輸省観光部業務課長であった山下文利は「取扱主任者を試験制度にし、その合格率によっても操作出来ると考えた」と述べている[4]。

　このように、旅行業務取扱主任者制度は、行政が旅行業界の発展と質的向上を促すために導入されたもので、試験の合格率により、政策的に旅行業界の人材の需給にもコントロールを及ぼしうるツールとして導入されたものである、と考えてよい。合格率の調整は、試験の難易度を通じてなすことができ、それには、旅行業界を取り巻く環境を見据えた判断がなされるものともいえよう。

　今日の旅行業務取扱管理者制度も、この立脚点にたっていると考えられ、旅行業務取扱管理者試験は、行政の政策的判断が影響する。さらに敷衍すると、その試験問題も行政の政策的判断を踏まえたものと考えられる。すなわち、旅行業務取扱管理者試験の問題は、行政が、旅行業界の発展と質的向上のために必要と考える内容が反映されているものといえよう。

　このように考えると旅行業務取扱管理者試験の問題を分析することで、政策的に旅行業界をどのように導きたいか、がみえてくる。本書は、2010 年から 2019 年までの 10 年間の旅行業務取扱管理者試験を分析することにより、試験を通じて政策的に旅行業界をどのようにしたいのか、を明らかにする。この分析結果をもとに、試験受験者のみならず旅行業界関係者が、あるべき旅行業界についての議論をするきっかけになれば、この成果は無駄ではないと考える。また、明らかになった試験問題の指向が今後の試験の内容、旅行業界のあり方についての改善の指標となれば旅行業に対する政策や事業展開の発展に寄与するものと考える。

注

1) むしろ、一般旅行業務取扱主任者試験においては、1995 年以前は、「国内地理」は出題されていなかったが、1996 年以降は「国内旅行実務」で出題されていくこととなった。

2) 土橋正義『旅行業法解説』（森谷トラベルエンタプライズ、1972）98－99 頁。

3) 廣岡裕一「旅行業務取扱主任者の役割」『政策科学』11 巻 2 号（2004）158 頁。

4) 山下文利「旅行業法施行　大衆化時代の到来に向けて」『日本人の海外旅行 25 年』（トラベルジャーナル、1989）79 頁。

旅行業務取扱管理者試験の分析

目　次

Ⅰ　試験制度の概要

　旅行業法は、第 11 条の 2 で、旅行業者または旅行業者代理業者に、営業所ごとに 1 人以上の旅行業務取扱管理者を選任する義務を負わせている。そして、旅行業務取扱管理者として選任される者は、欠格事由に該当せず、旅行業務取扱管理者試験に合格した者でなければならない、としている。

　それを受けて、旅行業法第 11 条の 3 は、旅行業務取扱管理者試験について規定し、旅行業務取扱管理者試験は、旅行業務取扱管理者の職務に関し必要な知識及び能力について観光庁長官が行うものとし、旅行業務取扱管理者試験は、総合旅行業務取扱管理者試験、国内旅行業務取扱管理者試験及び地域限定旅行業務取扱管理者試験の 3 種類とする、と定める。

　ここでは、旅行業務取扱管理者試験は、観光庁長官が行う、となっているが、旅行業法第 69 条は、試験事務の代行に関して規定し、観光庁長官は、試験事務を旅行業協会に行わせることができることとし、実際、総合旅行業務取扱管理者試験は一般社団法人日本旅行業協会、国内旅行業務取扱管理者試験は一般社団法人全国旅行業協会が実施している（地域限定旅行業務取扱管理者試験は、国内旅行業務取扱管理者試験と同日に観光庁が実施している（2018 年、2019 年））。

　そして、具体的な旅行業務取扱管理者試験の試験科目、受験手続その他試験の実施に関し必要な事項は、国土交通省令で定めることとしている。

　国土交通省令である、旅行業法施行規則第 11 条では、旅行業務取扱管理者試験の期日、場所等の事項は、官報で公示するものとしている。

　同 12 条では、以下のように試験科目を定めている。

総合旅行業務取扱管理者試験

(1) 法及びこれに基づく命令についての知識
(2) 旅行業約款、運送約款及び宿泊約款に関する知識
(3) 国内旅行実務
　イ．本邦内の運送機関及び宿泊施設の利用料金その他の本邦内の旅行を取り扱う旅行業務に関連する料金に関する知識
　ロ．その他本邦内の旅行を取り扱う旅行業務に関する実務処理の能力
(4) 海外旅行実務
　イ．本邦外の運送機関の利用料金その他の本邦外の旅行を取り扱う旅行業務に関連する料金に関する知識
　ロ．旅券の申請手続、通関手続、検疫手続、為替管理その他の本邦外の旅行を取り扱う旅行業務に必要な法令に関する知識
　ハ．本邦及び主要国における出入国に必要な手続に関する実務処理の能力
　ニ．主要国の観光に関する知識
　ホ．本邦外の旅行を取り扱う旅行業務に必要な語学に関する能力
　ヘ．その他本邦外の旅行を取り扱う旅行業務に関する実務処理の能力

国内旅行業務取扱管理者試験

(1) 法及びこれに基づく命令についての知識
(2) 旅行業約款、運送約款及び宿泊約款に関する知識
(3) 国内旅行実務
　イ．本邦内の運送機関及び宿泊施設の利用料金その他の本邦内の旅行を取り扱う旅行業務に関連する料金に関する知識
　ロ．その他本邦内の旅行を取り扱う旅行業務に関する実務処理の能力

地域限定旅行業務取扱管理者試験

　国内旅行業務取扱管理者試験の科目のうち観光庁長官が告示で定めるもの[1]を除いたものである。

　また、旅行業法第11条の3第3項では試験の一部免除を定め、旅行業協会が実施する研修の課程を修了した者または国土交通省令で定める資格を有する者が対象となる。
　これを受け旅行業法施行規則第20条では、以下のように定められている[2]。

　国内旅行業務取扱管理者試験に合格した者は、総合旅行業務取扱管理者試験で「旅行業法令」、「国内旅行実務」が免除される。
　地域限定旅行業務取扱管理者試験に合格した者は、総合旅行業務取扱管理者試験及び国内旅行業務取扱管理者試験で「旅行業法令」が免除される。
　総合旅行業務取扱管理者試験の「国内旅行実務」について合格点を得た者は、次回の総合旅行業務取扱管理者試験の「国内旅行実務」が免除される。
　総合旅行業務取扱管理者試験の「海外旅行実務」について合格点を得た者は、次回の総合旅行業務取扱管理者試験の「海外旅行実務」が免除される。
　国内旅行業務取扱管理者試験の「国内旅行実務」について合格点を得た者は、次回の国内旅行業務取扱管理者試験の「国内旅行実務」が免除される。
　地域限定旅行業務取扱管理者試験の「国内旅行実務」について合格点を得た者は、次回の地域限定旅行業務取扱管理者試験の「国内旅行実務」が免除される。

注
1) 航空運送に係る運送約款、航空運送に係る利用料金、国内地理等
2) 試験科目について、以下本稿では、「法及びこれに基づく命令についての知識」は

「旅行業法令」、「旅行業約款、運送約款及び宿泊約款に関する知識」は「約款」、「本邦内の運送機関及び宿泊施設の利用料金その他の本邦内の旅行を取り扱う旅行業務に関連する料金に関する知識」は「国内運賃・料金」、「その他本邦内の旅行を取り扱う旅行業務に関する実務処理の能力」は「国内地理」、「本邦外の運送機関の利用料金その他の本邦外の旅行を取り扱う旅行業務に関連する料金に関する知識」は「国際航空運賃」、「旅券の申請手続、通関手続、検疫手続、為替管理その他の本邦外の旅行を取り扱う旅行業務に必要な法令に関する知識」は「出入国法令」、「本邦及び主要国における出入国に必要な手続に関する実務処理の能力」は「出入国実務」、「主要国の観光に関する知識」は「海外地理」、「本邦外の旅行を取り扱う旅行業務に必要な語学に関する能力」は「語学」、「その他本邦外の旅行を取り扱う旅行業務に関する実務処理の能力」は「一般実務」と表すこととする。

Ⅱ　試験問題の概要

1.　総　　論

　本章では、2010年から2019年に実施された、「総合」と「国内」の旅行業務取扱管理者試験の問題の概要を示す。本書の主題である旅行業務取扱管理者試験を通じて、政策的に旅行業界をどのように誘導したいのか、という分析は、あとの章で論ずることとし、本章ではこの10年間でどのような問題が出されていたのか、を示すことになる。しかしながら、もとより、試験問題は公開され、こういう問題が出題されていたということだけでは、新たな知見が加わることにならないので、ここで示す概要は、出題各問を分類して、どのような傾向の問題に出題比重がどの程度かかっているのか、を示すこととする。

　ここでいう出題問題の傾向の分類には、「出題対象」と「出題方法」の二面があるといえるが、受験者や指導者の関心が高いのは、出題対象であろう。しかし、出題方法をみておくことも、何らかの影響を与えることもあろうかと考えられるので、こちらにも触れる。

　出題対象の分類には、ある種の法則性が必要になる。どのように括るのかは、問題を分析する場合にも、影響を及ぼす。ある法則性に基づいて分類したとしても、それが妥当であるか、その妥当性が検証できるのか、という問題もある。このあたりの適切性が難しいところであるが、一般に当該試験科目において同じフィールドで論じられている対象を括っていくというやり方にせざるを得ない、と考える。それに加えて、旅行業務取扱管理者試験の出題方法は、択一問題である。特に、総合旅行業務取扱管理者試験では、ほぼ

全問４択である。この場合、選択肢が４つあるわけであるが、その選択肢が異なったフィールドで論じられている対象が合わさって出題されている問題もある。

　分類において、こうした、単純に割り切れない例もあるため、分類方法は、法則性を意識しながら行うとしても、見方によっては相違が出るかもしれない。しかし、本書の目的は、試験問題の分析を通じて、政策的に旅行業界に何を訴求しようとしているのか、を明らかにすることなので、このような手続的な普遍性の確保に煩悶していては先に進まない。したがって、以下では分類を試みるものの、分類者の価値判断によっては異なるものとなることをあらかじめお含みいただきたい。

2.　旅行業法令

　「旅行業法令」の分類は次のように行う。なお、ここで表記する条は、2020年現在施行されているものである。

「目的」　第１条にかかる出題
「定義」　第２条にかかる出題
「登録」　第３条から第11条、第15条から第18条の２にかかる出題
「旅行業務取扱管理者」　第11条の２、第11条の３にかかる出題
「取引準則」　第12条から第12条の11にかかる出題
「禁止・取消・改善・罰則」　第13条、第14条、第18条の３から第20条、第64条以下にかかる出題
「代理・受託・手配業」　第14条の２、第14条の３、第２章・第２節にかかる出題
「旅行業協会」　第３章にかかる出題

　このように分類したのは、それぞれの群が一つの指向性でまとめられるこ

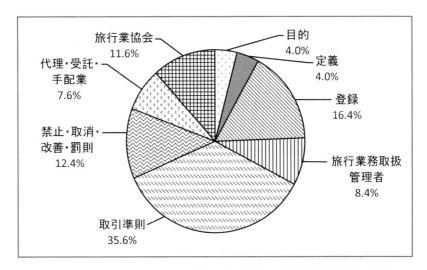

図1　総合旅行業務取扱管理者「旅行業法令」10年間の出題対象の分布

と、そして、いささか結論先行ではあるが、問題を分類した結果、この群に
収斂できることである。

　それぞれの群の指向性は、「目的」と「定義」についてはそれぞれ第1条、
第2条の意義を問うていること、「登録」については旅行業等の営業を開始す
るまでの営業保証金を含む事項、「旅行業務取扱管理者」については、その機
能、「取引準則」は旅行業者等と旅行者との取引関係、「禁止・取消・改善・
罰則」については旅行業者等の違反等にかかる措置、「代理・受託・手配業」
は旅行業者がそれ以外の者に業務を取り扱わせる場合、「旅行業協会」は弁済
業務保証金を含め「旅行業協会」にかかる事項である。

　10年間の問題をみると総合旅行業務取扱管理者試験では、「目的」と「定
義」は毎年1題ずつ、「旅行業務取扱管理者」は、ほぼ2題、「旅行業協会」
は、ほぼ3題出題されている。そして、「登録」が4題前後、「取引準則」が
10題前後の出題である。そして、「禁止・取消・改善・罰則」は2から4題、
「代理・受託・手配業」は、2題程度の出題となっている（図1）。なお、配点
は各問4点である。

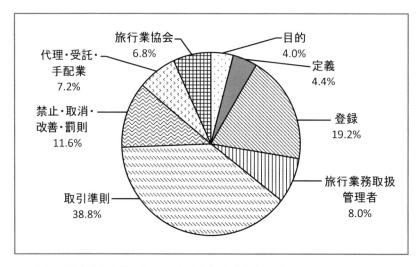

図2　国内旅行業務取扱管理者「旅行業法令」10年間の出題対象の分布

　一方、国内旅行業務取扱管理者試験では、「目的」が毎年1題、「定義」は
ほぼ1題ずつ、「旅行業務取扱管理者」が2題出題されている。「登録」につ
いては、4から6題、「取引準則」は8から12題の出題である。また、「禁
止・取消・改善・罰則」は、2から4題、「代理・受託・手配業」は、2題前
後の出題、「旅行業協会」は、1から2題となっている（図2）。配点は各問4
点である。
　次に、出題方法について分類する。出題方法の基本は、選択肢が4つあり
その中から正解を選ぶもの（以下「4択」と示す）が基本であるが、出題方法
として単に4つの選択肢から選ぶだけでなく、選択肢が3ないし4用意され
その選択肢を組み合わせた4つの選択肢の中から正しいものを選ぶという方
式（以下「正答組合せ4択」と示す）がある。そしてこの派生であるが、文中
に虫食いが複数あり、その穴埋めとして適切な語句を組み合わせた4つの選
択肢の中から正しいものを選ぶ（以下「穴埋め4択」と示す）という方式があ
る。さらに、3ないし4の選択肢の中から正答をすべて選ぶもの（以下「正答
全選択」と示す）もある。

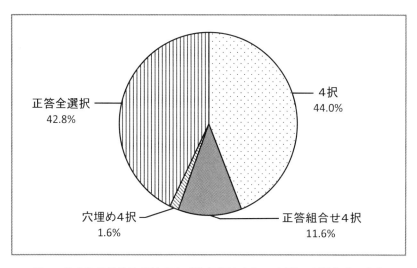

図3　総合旅行業務取扱管理者「旅行業法令」10年間の出題方式の分布

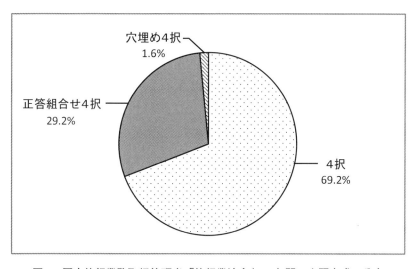

図4　国内旅行業務取扱管理者「旅行業法令」10年間の出題方式の分布

　総合旅行業務取扱管理者の出題方法をみると、「4択」が最も多いが、「正答全選択」もほぼ同じくらいの出題がある。ただ、この割合は実施年により変動が大きく「正答全選択」のほうが、「4択」より多い実施年もある。また、「正答全選択」の出題も選択肢が3の実施年、4の実施年、混在する実施年があるが、近年は4つの選択肢となってきている。また、「穴埋め4択」の出題は多くはなく、設問の対象がこの出題方法になじむとき、この方式がとられている（図3）。

　国内旅行業務取扱管理者の出題方法をみると「4択」が7割弱を占め、「正答全選択」の出題はみられない。しかし、総合旅行業務取扱管理者と同様の傾向の「穴埋め4択」以外の残りは「正答組合せ4択」による出題となっている（図4）。

3.　約　　款

　「約款」については、総合旅行業務取扱管理者試験では、この10年、旅行業約款20題、その他約款10題が出題されている。しかしながら、配点は、前者1題4点計80点、後者1題2点計20点である。一方、国内旅行業務取扱管理者試験は、旅行業約款20題、その他約款5題の出題であるが、配点は、各問4点で、それぞれの合計は「総合」と同様に前者80点、後者20点である。

　その上で、「約款」の分類は次のように行う。

　はじめに、旅行業約款とその他約款とを分ける。これは、毎年、配点で、8割が旅行業約款、2割がその他約款となっているため、ここは、ある意味あらためて検討を加えなくてもよいかと考える。

　そして、旅行業約款は、次のように分類する。

「募集型企画旅行契約・総則・責任」　募集型企画旅行契約の部で、総則及び第27条と第30条の責任にかかる出題

「募集型企画旅行契約・契約の締結」　募集型企画旅行契約の部で、契約の締結にかかる出題

「募集型企画旅行契約・変更・解除」　募集型企画旅行契約の部で、契約の変更及び契約の解除にかかる出題

「団体・旅程管理」　部を問わず、団体・グループ契約及び旅程管理にかかる出題

「旅程保証」　部を問わず、旅程保証、変更補償金にかかる出題

「特別補償」　部を問わず特別補償及び特別補償規程にかかる出題

「受注型企画旅行契約」　上記のほかの受注型企画旅行契約の部にかかる出題

「手配旅行契約」　手配旅行契約の部にかかる出題

「渡航手続代行・旅行相談」　渡航手続代行契約の部及び旅行相談契約の部にかかる出題

「その他・総合、組合せ問題」　複数の部、上記に示した募集型企画旅行契約の分類をまたがる出題

　この前提において、総合旅行業務取扱管理者試験の出題をみると、「旅程保証」「特別補償」を含めて、約３／４が募集型企画旅行契約の部からの出題となっている。その中では、「募集型企画旅行契約・変更・解除」が最も高い比率を占める。その一方で、「受注型企画旅行契約」は毎年２題程度、「手配旅行契約」は毎年２題、「渡航手続代行・旅行相談」はそれぞれの部を合わせた形で毎年１題出題されている。その中には、「手配旅行契約」における払戻の計算のように毎年１題必ず出題されている傾向を持つ問題もある（図5）。

　一方、国内旅行業務取扱管理者試験の出題も、約３／４が募集型企画旅行契約の部からの出題で、「募集型企画旅行契約・変更・解除」の出題がその中での最も高い比率となっている。ここでも、「受注型企画旅行契約」は毎年２題、「手配旅行契約」は毎年２題程度、「渡航手続代行・旅行相談」は渡航手続代行契約の部は対象にならないので、旅行相談契約の部から毎年１題出題されている（図6）。

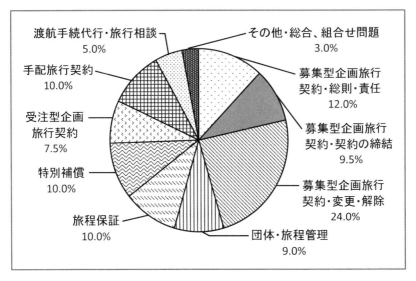

図5　総合旅行業務取扱管理者「約款」のうち旅行業約款の
　　　10年間の出題対象の分布

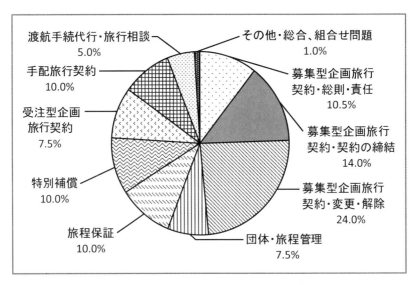

図6　国内旅行業務取扱管理者「約款」のうち旅行業約款の
　　　10年間の出題対象の分布

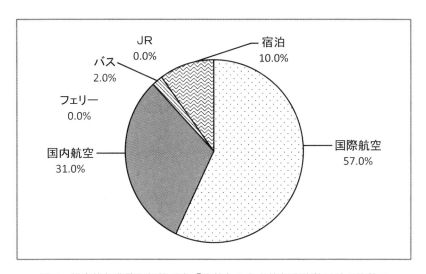

図 7　総合旅行業務取扱管理者「約款」のうち旅行業約款以外の約款の
　　　10 年間の出題対象の分布

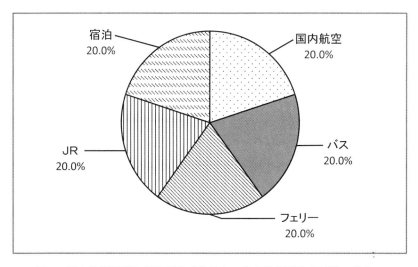

図 8　国内旅行業務取扱管理者「約款」のうち旅行業約款以外の約款の
　　　10 年間の出題対象の分布

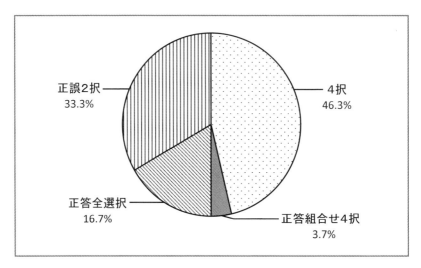

図9　総合旅行業務取扱管理者「約款」10年間の出題方式の分布

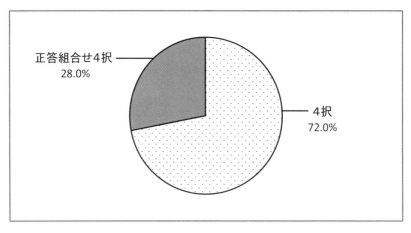

図10　国内旅行業務取扱管理者「約款」10年間の出題方式の分布

　また、旅行業約款以外の約款については、総合旅行業務取扱管理者試験では過半数が、国際航空約款で、約3割が国内航空約款となっている。このほか、宿泊約款が毎年1題出題されているほか、近年は、一般貸切自動車運送事業約款（貸切バス）が1題出題されている（図7）。なお、国内旅行業務取扱管理者試験の旅行業約款以外の約款の出題は、毎年、国内航空約款、フェリー運送約款、一般貸切自動車運送事業約款（貸切バス）、JR旅客営業規則、宿泊約款が1題ずつ出題されている（図8）。

　出題方法については、総合旅行業務取扱管理者は、「正誤2択」いわゆる○×問題が出題数ベースで1／3あるが、これは旅行業約款以外の約款からの出題で、旅行業約款以外の約款からの出題は「正誤2択」のみである。旅行業約款からの出題は、単純な「4択」が、その2／3以上を占めるが、「正答組合せ4択」あるいは「正答全選択」での出題も毎年みられる（図9）。

　国内旅行業務取扱管理者の出題方法をみると「4択」が7割以上を占め、そのほか「正答組合せ4択」での出題も毎年みられる。一方、「正答全選択」の出題はみられない。国内旅行業務取扱管理者では、旅行業約款以外の約款も「4択」または「正答組合せ4択」での出題で、各問の配点も旅行業約款同様1題4点である（図10）。

4.　国内旅行実務

　「国内旅行実務」の試験科目内容は、「国内運賃・料金」と「国内地理」であり、旅行業法施行規則で示された順もこの順であるが、出題順は、総合旅行業務取扱管理者試験においても、国内旅行業務取扱管理者試験においても実施年により前後する。ここでは、旅行業法施行規則での順に応じ、「国内運賃・料金」からみてみる。「国内運賃・料金」の配点は、総合旅行業務取扱管理者試験においては、10年間一貫して1題4点12題の出題で60点であるが、国内旅行業務取扱管理者試験では、配点ベースで、33点から56点の間で実施年により異なり、1題の点は3点もしくは4点である。

1) 国内運賃・料金

「国内運賃・料金」の出題対象は、次のように分類する。

「JR 運賃」　JR 運賃（団体含む）にかかる出題

「JR 料金」　JR 料金にかかる出題

「JR 払戻他」　JR 運賃・料金の払戻、その他規則、複合問題、時刻表読み取りにかかる出題

「貸切バス」　貸切バスの規則、運賃・料金、取消にかかる出題

「フェリー」　フェリーの規則、運賃・料金、取消にかかる出題

「航空」　国内航空の規則、運賃・料金、取消等にかかる出題

「宿泊」　宿泊料金の規則、料金、取消等にかかる出題

「旅行業」　旅行業約款にかかる出題

以上は、サービス提供機関ごとに分類したわけであるが、JR については、出題数が多く、運賃と料金の制度が峻別されているため、この 2 者はそれぞれに分類した。さらに払戻と運賃・料金に分類しきれないものは別に 1 つの分類として設定した。

この前提において、総合旅行業務取扱管理者試験の出題をみると、7 割が JR 関係からの出題で、残りの問題の大部分は、国内航空からの出題である。JR については相対的に料金からの出題が多くなっている（図 11）。

一方、国内旅行業務取扱管理者試験では、JR 関係の出題は半数弱になる。それ以外の部分では、国内航空が次に多いが、貸切バスも 2 割弱の出題がある（図 12）。

出題方法は、総合旅行業務取扱管理者試験では、「4 択」がほとんどであるが、「正答全選択」での出題も、1 題から 4 題出されている実施年がある。なお、国内旅行業務取扱管理者試験では、この 10 年間すべて「4 択」での出題である。

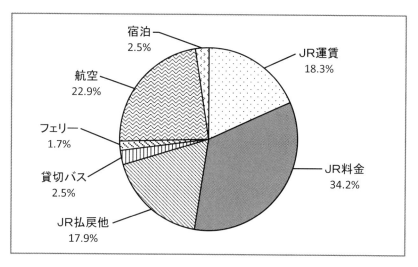

図11　総合旅行業務取扱管理者「国内運賃・料金」の
10 年間の出題対象の分布

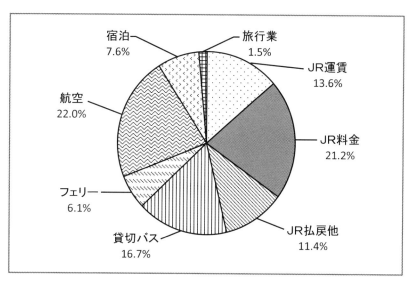

図12　国内旅行業務取扱管理者「国内運賃・料金」の
10 年間の出題対象の分布

2）国内地理

　「国内地理」は、その対象の地域的属性と性格的種別わけの双方でみること
とするため、出題対象の分類は、その双方でおこなう。この際、あまり細分
化すると傾向が捉えにくくなるので10程度の以下の分類に集約することと
する。

〈地域的属性〉
　「北海道」、「東北」、「関東」、「中部」、「近畿」、「中国」、「四国」、「九州」、
「沖縄」、「総合・複合」の地方別に区分する。「総合・複合」は複数地方に
またがるもの、選択肢が複数の地方に分散するものを対象とする。

〈性格的種別〉
　「国立公園」、「温泉」、「海浜自然資源」、「その他自然資源」、「寺社」、「テー
マパーク」、「その他人文観光資源」、「祭」、「料理」、「総合・複合」、「読み
方」に区分する。「総合・複合」は複数の種別が混在するものを対象とす
る。

　その上で総合旅行業務取扱管理者試験の地域的属性をみると、「総合・複
合」問題を除いて、各地方からの出題は、比較的均等になされている（図
13）。また、性格的種別をみると「総合・複合」問題が3割程度、「温泉」が
1割程度あり、これらを除いてほかは自然観光資源と人文観光資源になるが、
人文観光資源からの出題のほうが比重が高くなっている（図14）。
　一方、国内旅行業務取扱管理者試験では、地域的属性は、相対的に本州域
からの出題の比重が高い（図15）。性格的種別については広く対象が分散され
ており「その他自然観光資源」と「その他人文観光資源」に括られている部
分を含めて、広範な対象から出題されている（図16）。
　なお、問題中に世界遺産について直接に示した問題は、総合旅行業務取扱

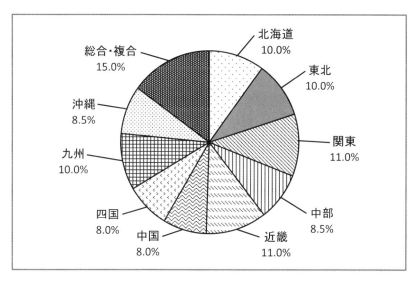

図13　総合旅行業務取扱管理者「国内地理」の
10年間の出題対象・地域的属性の分布

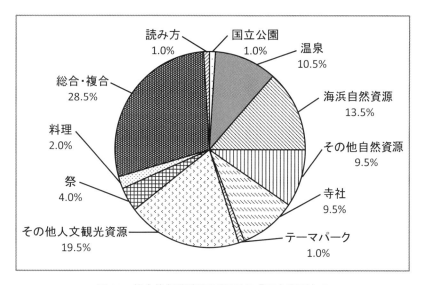

図14　総合旅行業務取扱管理者「国内地理」の
10年間の出題対象・性格的種別の分布

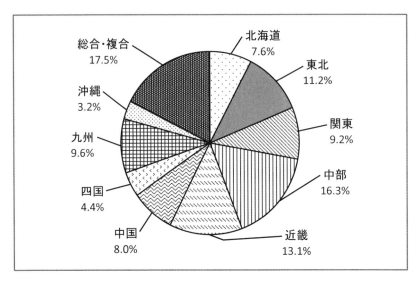

図15 国内旅行業務取扱管理者「国内地理」の
10年間の出題対象・地域的属性の分布

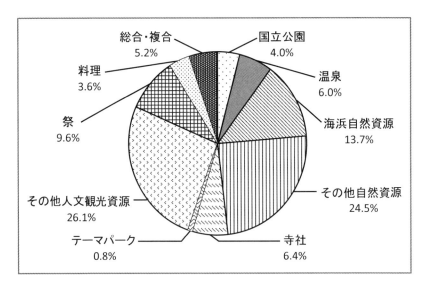

図16 国内旅行業務取扱管理者「国内地理」の
10年間の出題対象・性格的種別の分布

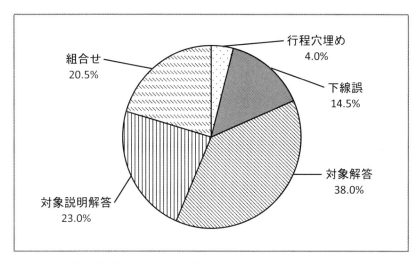

図17　総合旅行業務取扱管理者「国内地理」の10年間の出題方式の分布

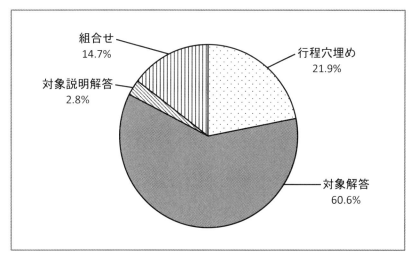

図18　国内旅行業務取扱管理者「国内地理」の10年間の出題方式の分布

管理者試験で 10.5 ％、国内旅行業務取扱管理者試験で 9.2 ％である。

　出題方法は、科目の特性に応じ以下のように分類する。ここでは、選択肢から単一の回答を選ぶもの、正答を複数選ぶものも合わせる。

「行程穴埋め」　行程表を用いて、その空欄の適切な対象を選択する出題

「下線誤」　文中に複数の下線が示され、その中から誤りを選択する出題

「対象解答」　文中の空欄、または、示された対象の説明文に応じた適切な
　対象を選択する出題

「対象説明解答」　示された対象の説明文の中から適切な説明を選択する出
　題

「組合せ」　複数の対象の組み合わせの中から適切な組み合わせを選択する
　出題

　この区分でみると総合旅行業務取扱管理者試験では、「対象解答」が 4 割弱で最も多く、「対象説明」と「組合せ」が 2 割程度ある（図 17）。一方、国内旅行業務取扱管理者試験では、「対象解答」が 6 割程度で多く、「行程穴埋め」が 2 割程度ある（図 18）。

5.　海外旅行実務

　「海外旅行実務」は、当然ながら、国内旅行業務取扱管理者試験の出題範囲ではなく、総合旅行業務取扱管理者試験の出題科目である。総合旅行業務取扱管理者試験の試験科目内容は、「国際航空運賃」、「出入国法令」、「出入国実務」、「海外地理」、「語学」、「一般実務」である。旅行業法施行規則では、この順に記載され示されているが、実際の試験では、「出入国実務」の内容は、「出入国法令」及び「一般実務」に埋め込まれているようで、200 点満点で、40 点ずつ、5 分野からの出題となっている。出題順は、実施年により前後するが、以下では、旅行業法施行規則で記載された順でみることとする。

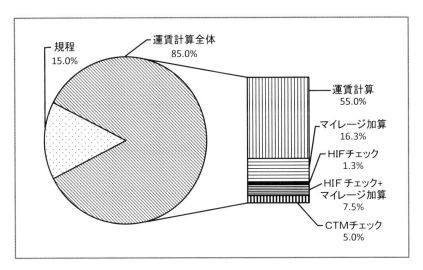

図 19　総合旅行業務取扱管理者「国際航空運賃」の 10 年間の出題対象の分布

1）国際航空運賃

　「国際航空運賃」からの出題は、この 10 年毎年 8 題、各問 5 点の配点で、「海外旅行実務」の最初の順に出題されている。いずれも 4 択問題で、別冊の資料を用いて解答する問題である。

　問題をみると 85％が、資料のタリフの書かれた規則や運賃表をもとに運賃を算出する問題で、残りの 15％がタリフを読みとり、適用した運賃にかかる規則につき適切な選択肢を答えるものである。運賃計算の問題では、全体の 55％がタリフを読みとり適切な運賃を求めるものであるが、それに加え、フェアーコンポーネントにおいて MPM を超えた場合に必要な割増運賃の計算式がある問題、HIF チェックや CTM チェックを試す問題も出題されている（図 19）。

タリフ：運賃表のことで当該運賃に適用される規則や運賃が示される。

フェアーコンポーネント：国際航空運賃計算における計算のための運賃打ち切り区間

2）出入国法令

　「出入国法令」の出題は、この 10 年毎年 8 題各問 5 点の配点で、旅券法、出入国管理関係法、関税関係法、動植物検疫関係法から出題されている。このうち、約半数は旅券関係で、1／3 強が関税関係法である。出入国管理関係法は毎年 1 題出題されている（図 20）。

　出題方式については、単純な「4 択」問題は 3 割弱で、3 ないし 4 の選択肢を並べてその中から正答をすべて選ぶ方式の問題が半数強を占めている（図21）。

3）海外地理

　「海外地理」は、その対象の地域的属性と性格的種別の双方でみることとする。分類は以下のように集約することとする。

〈地域的属性〉
　「東アジア」、「東南・南アジア」、「西アジア」、「西欧」、「東欧」、「アフリカ」、「北米（ハワイを除く）」、「中南米」、「大洋州」、「総合・複合」の地域別に区分する。

MPM ： Maximum Permitted Mileage　最大許容マイル。国際航空運賃計算においては、フェアーコンポーネントの中間地点を経た始点と終点間の距離（マイル）を合算するが、その合算した距離が MPM 内で収まれば公示されている運賃を割増不要で適用できる。

HIF チェック： Higher Intermediate Fare Check 国際航空運賃計算におけるフェアーコンポーネントの始点と終点間の中間地点に始点と終点間より高い運賃区間があるかのチェック。最も高い運賃地点は、中間最大運賃地点になるため、HIP チェック（Higher Intermediate Point Check）ともいう。

CTM チェック： Circle Trip Minimum Fare Check　国際航空運賃計算における周回旅行の途中降機地で最も高い往復運賃区間を確認するチェック。

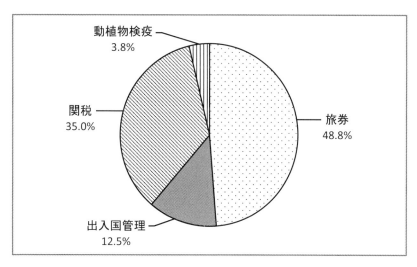

図20　総合旅行業務取扱管理者「出入国法令」の10年間の出題対象の分布

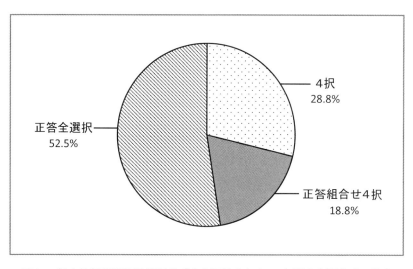

図21　総合旅行業務取扱管理者「出入国法令」の10年間の出題方式の分布

〈性格的種別〉

「都市に関する問題」　都市の説明にかかる出題

「自然観光資源」　国立公園、海浜山岳等自然資源を対象にした観光地にかかる出題

「人文観光地」　寺院、遺跡、美術館、テーマパーク等人造観光資源を対象にした観光地にかかる出題

「文化観光対象」　美術品、料理、行事等文化観光資源にかかる出題

「総合・複合」　複数の種別が混在する出題

　その上で総合旅行業務取扱管理者試験の地域的属性をみると、約3割が「西欧」からの出題で、相対的に高い比率を占める。なお、「ハワイ」は「大洋州」に含めたため、「大洋州」の割合が「北米」より高くなっている（図22）。

　性格的種別をみると「自然観光資源」と「人文観光地」とが、それぞれ3割程度で拮抗している。ただ、「都市に関する問題」には当該都市の観光資源を拠りどころとして解答を求める例が多く、都市における観光資源は「人文観光地」が多いため、全般的には人文観光資源の比重が高いといえる（図23）。

　出題方法については、科目の特性に応じ以下のように2面から分類する。

出題記述方法（円グラフの外側）

「穴埋め」　文中に空欄があり、その空欄の適切な対象を選択する出題

「下線誤」　文中に複数の下線が示され、その中から誤りを選択する出題

「対象選択肢」　説明文があり、選択肢から適切な観光対象を選択する出題

「説明選択肢」　観光対象が示され、選択肢から適切な説明文を選択する出題

「組合せ」　複数の対象の組み合わせの中から適切な組み合わせを選択する出題

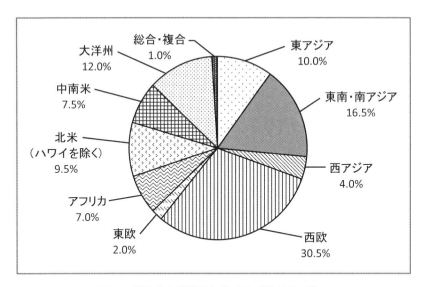

図22　総合旅行業務取扱管理者「海外地理」の
10年間の出題対象・地域的属性の分布

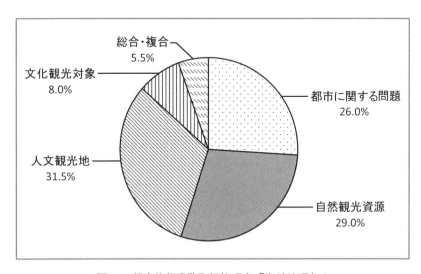

図23　総合旅行業務取扱管理者「海外地理」の
10年間の出題対象・性格的種別の分布

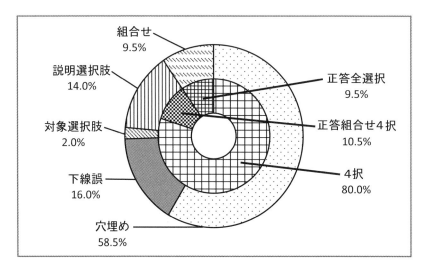

図24　総合旅行業務取扱管理者「海外地理」の10年間の出題方式の分布

解答選択方法（円グラフの内側）

「4択」、「正答組合せ4択」、「正答全選択」

　それぞれの角度から出題方式をみると、外側の出題記述方法では、「穴埋め」が6割程度あり、「下線誤」と合わせると3／4程度になり、比較的あっさりした形での出題が多い。また、内側の解答選択方法をみても、「正答組合せ4択」、「正答全選択」がそれぞれ1割程度で、そのほかは単純な4択で8割を占めている（図24）。

4）語　学

　「語学」は、この10年毎年8題各問5点の配点で出題されている。問題はすべて英語に関する問題である。

　基本的に文章が出て、それをもとに問題は作られているが、もとになる文章は毎年2文出されている。その文章の内容であるが、9割が旅行条件書や

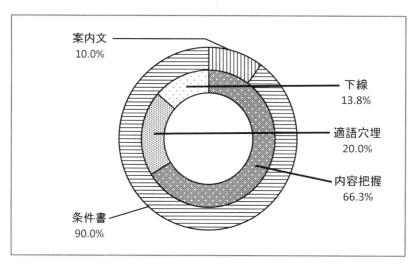

案内文
10.0%

下線
13.8%

適語穴埋
20.0%

内容把握
66.3%

条件書
90.0%

図25　総合旅行業務取扱管理者「語学」の10年間の出題対象の分布

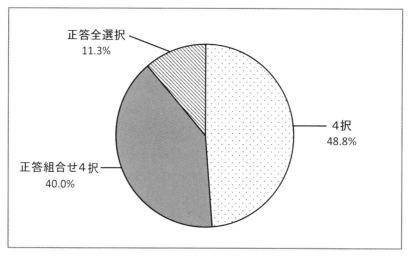

正答全選択
11.3%

4択
48.8%

正答組合せ4択
40.0%

図26　総合旅行業務取扱管理者「語学」の10年間の出題方式の分布

契約内容が書かれた文で、残りが実施する旅行についての案内文である。そして、問題は、2／3が内容把握を試す問題、残りが文中の空欄に適語を穴埋めする問題、下線部の意味を問う問題などである（図25）。

　また、出題方式は、半数弱が「4択」で、4割が「正答組合せ4択」、残りが「正答全選択」である（図26）。

5）一般実務

　「一般実務」は、この10年、毎年8題各問5点の配点で出題されている。

　問題は、毎年、「時差計算」1題、「航空便の所要時間計算」1題、航空知識として、「2レターコード」1題、「3レターコード」1題、「航空時刻表OAGの読取」1題は繰り返し出題されている。それに加え実施年により、前述の分野でさらに1題出される場合や査証・出入国関係、鉄道時刻表の読取、鉄道、クルーズ、宿泊、保険といったその他の業務知識から出題されている（図27）。

　また、出題方式は、半数強が「4択」で、「正答組合せ4択」が若干あるものの、残りは「正答全選択」である（図28）

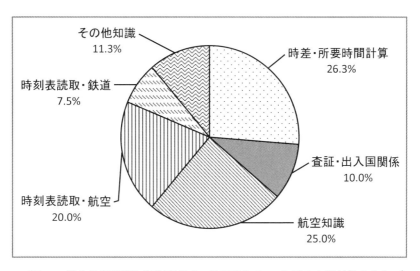

図27　総合旅行業務取扱管理者「一般実務」の10年間の出題対象の分布

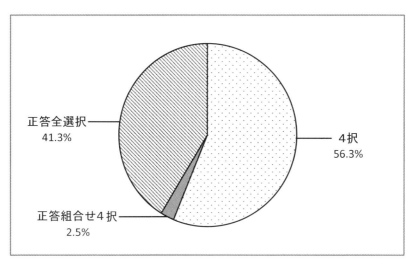

図28　総合旅行業務取扱管理者「一般実務」の10年間の出題方式の分布

Ⅲ　試験結果の概要

1. 総合旅行業務取扱管理者試験

　表1は、試験科目数が4科目になった1996年以降の総合旅行業務取扱管理者試験の合格率を示したものである。4科目は全科目受験者でこれが試験全体の難易度の基準となる。また、2科目Aは国内旅行業務取扱管理者試験合格による科目免除者、2科目Bは旅行業協会が実施する指定研修修了による科目免除者、1科目は国内旅行業務取扱管理者試験合格者でかつ指定研修修了者である。

　なお、「国内旅行実務」、「海外旅行実務」の科目で、合格点を得たものの不合格になった者が、次回の試験で、当該科目の免除を申請できるように旅行業法施行規則が改正されたのは、2006年7月21日国土交通省令第80号によってであり、これによる免除は2007年の試験から行われている。

　1996年以降の合格率をみると全科目受験者では、8.8％〜23.7％にあり、2010年から2019年の10年も同様である。また、2科目Aでは、22.1％〜45.7％にあり、この10年では、22.1％〜40.3％となる。1科目でみると、81.6％〜93.9％にあり、この10年では、87.0％〜93.8％となる。

　このように、全科目受験者の合格率と科目免状者の合格率の高低が必ずしもリンクしていないため、科目ごとに実施年により難易が変動しているものといえる。そのため、2010年から2019年の10年間については、免除区分も増え、したがって、科目ごとの各実施年の難易も推察しやすくなっていることから、以下ではこの10年についてそれぞれの合格率をみたうえで、科目ごとの難易について検討する。

表1　総合旅行業務取扱管理者試験の合格率

実施年 ＼ 受験区分	4科目	2科目A (約款・海外実務)	2科目B (業法・約款)	1科目 (約款)	計
1996	14.7	45.7	82.2	92.6	34.8
1997	21.4	37.6	81.6	92.2	37.0
1998	18.7	34.4	77.2	84.4	32.4
1999	11.7	25.6	89.7	92.9	22.9
2000	10.1	23.2	83.7	91.1	19.7
2001	10.5	39.6	82.8	89.8	22.4
2002	13.6	27.9	68.0	81.6	22.1
2003	14.0	47.8	76.5	84.9	27.7
2004	18.3	48.7	79.2	89.9	31.1
2005	15.4	38.4	78.5	90.4	25.7
2006	20.6	42.8	80.4	90.7	32.7
2007	21.8	40.2	75.6	91.4	35.8
2008	20.4	38.8	74.2	91.7	34.3
2009	15.1	20.0	78.6	93.9	25.5
2010	23.7	40.3	81.4	93.8	37.1
2011	12.6	28.5	69.9	87.7	25.0
2012	14.3	35.8	70.8	92.1	30.5
2013	13.7	25.8	72.5	89.8	25.7
2014	16.4	26.4	72.8	87.0	28.7
2015	12.2	22.5	72.3	91.7	22.8
2016	12.8	22.1	68.2	91.2	26.1
2017	8.8	22.4	74.0	89.4	23.4
2018	11.0	36.2	54.4	92.9	27.1
2019	13.0	30.4	71.9	92.7	29.9

　表2は、この10年間の受験区分ごとの合格率である。ただ、当然、受験者に負担の小さい科目免除の合格率の方が全科目受験者より高くなる。したがって、受験区分ごとの各実施年の試験の難易を相対的に比較できるように、10年間の受験区分ごとの合格率データを母数として、受験区分ごとに各実施年の合格率を偏差値にしたものが、表3である。

　これをベースに検討すると、全科目受験である受験区分Aと比べて、「海外旅行実務」が免除される受験区分Bの数値の方が高い場合、当実施年の

表2　総合旅行業務取扱管理者試験の受験区分別合格率

受験区分＼実施年	受験区分A 業法・約款・国内旅行実務・海外旅行実務	受験区分B 業法・約款・国内旅行実務	受験区分C 業法・約款・海外旅行実務	受験区分D 業法・約款	受験区分E 約款・海外旅行実務	受験区分F 約款	合計
2010	23.7	36.8	22.4	81.4	40.3	93.8	37.1
2011	12.6	13.8	14.3	69.9	28.5	87.7	25.0
2012	14.3	24.1	13.5	70.6	35.8	92.1	30.5
2013	13.7	23.1	11.9	72.5	25.8	89.8	25.7
2014	16.2	27.1	17.9	72.9	26.3	87.1	28.6
2015	12.2	21.2	12.1	72.3	22.5	91.7	22.8
2016	12.8	27.3	14.8	68.2	22.1	91.3	26.1
2017	8.8	9.6	14.3	74.0	22.4	89.4	23.4
2018	11.0	23.0	11.4	54.4	36.2	92.9	27.1
2019	13.0	27.1	13.1	71.9	30.4	92.7	29.9

表3　総合旅行業務取扱管理者試験の受験区分別合格率の各年偏差値

受験区分＼実施年	受験区分A 業法・約款・国内旅行実務・海外旅行実務	受験区分B 業法・約款・国内旅行実務	受験区分C 業法・約款・海外旅行実務	受験区分D 業法・約款	受験区分E 約款・海外旅行実務	受験区分F 約款	合計
2010	76.1	68.9	74.9	66.5	68.3	63.8	73.8
2011	46.7	36.7	49.1	48.6	49.1	35.3	43.4
2012	51.2	51.1	46.6	49.7	61.0	55.8	57.2
2013	49.7	49.7	41.5	52.6	44.8	45.1	45.2
2014	56.3	55.3	60.6	53.3	45.6	32.5	52.5
2015	45.7	47.0	42.2	52.3	39.4	54.0	37.9
2016	47.3	55.6	50.7	45.9	38.7	52.1	46.2
2017	36.7	30.8	49.1	55.0	39.2	43.2	39.4
2018	42.5	49.6	39.9	24.4	61.6	59.6	48.7
2019	47.8	55.3	45.3	51.7	52.2	58.6	55.7

「海外旅行実務」が相対的に難しかったと考えられる。同様に「国内旅行実務」が免除される受験区分Ｃの数値の方が高い場合は、「国内旅行実務」が相対的に難しかったこととなる。また、「約款」のみ受験の受験区分Ｆでは、この数値は、そのまま当実施年の「約款」の難易度が反映される。そして、国内・海外の旅行実務が免除される受験区分Ｄが受験区分Ａと比べて数値の方が高い場合、当実施年は、国内・海外の旅行実務が難しかったといえ、受験区分Ｅが受験区分Ａと比べて数値が高い場合、「旅行業法令」、「国内旅行実務」が難しかったといえる。さらに、受験区分Ｆが受験区分Ｄと比べて数値が高い場合「旅行業法令」が難しかったといえる。

　以上を総合すると、「旅行業法令」が難しかったのは、2012 年、2016 年、2018 年、2019 年、「約款」が難しかったのは、2011 年、2014 年、「国内旅行実務」が難しかったのは、2011 年、2017 年、「海外旅行実務」が難しかったのは、2015 年、2018 年、2019 年といえる。

2.　国内旅行業務取扱管理者試験

　表 4 は、試験科目数が 3 科目になった 1996 年以降の国内旅行業務取扱管理者試験の合格率を示したものである。3 科目は全科目受験者でこれが試験全体の難易度の基準となる。また、2 科目は、前年度「国内旅行実務」科目合格または旅行業協会が実施する指定研修修了による科目免除者で、受験科目は、「旅行業法令」及び「約款」である。このほか、地域限定旅行業務取扱管理者試験資格取得者は、「旅行業法令」の科目免除が申請できるが、2019 年からの適用のため省略する。

　1996 年以降の合格率をみると全科目受験者では、27.2 ％～ 45.5 ％にあり、2010 年から 2019 年の 10 年間では 27.2 ％～ 39.1 ％である。また、2 科目受験者では、36.8 ％～ 69.5 ％にあり、この 10 年間では 49.8 ％～ 69.5 ％である。

　合格率の全科目受験者 2 科目受験者との比較によって、相対的に 2010 年、

表4　国内旅行業務取扱管理者試験の合格率

受験区分 実施年	3科目	2科目 （業法・約款）	計
1996	36.3	61.1	36.7
1997	31.4	43.8	31.7
1998	34.5	47.8	35.0
1999	29.9	55.6	30.5
2000	33.7	40.1	33.8
2001	32.5	43.2	32.7
2002	30.4	55.1	30.9
2003	38.8	60.6	39.2
2004	29.9	42.9	30.2
2005	27.6	50.7	28.1
2006	32.7	64.2	33.4
2007	45.5	66.7	46.7
2008	32.0	36.8	32.2
2009	37.9	60.9	40.1
2010	30.0	61.3	32.8
2011	35.0	51.7	35.9
2012	35.6	50.1	36.8
2013	27.2	60.9	29.3
2014	28.1	54.7	29.3
2015	27.8	58.2	29.3
2016	32.1	49.8	33.1
2017	36.0	69.5	38.6
2018	38.3	62.5	39.6
2019	39.1	62.1	39.6

2013年、2014年、2015年の「国内旅行実務」が難しく、「旅行業法令」及び「約款」は、2011年、2012年、2016年で難しかったことがわかる。

Ⅳ 試験問題に関する分析

1. 旅行業法令

1) 試験範囲

　「旅行業法令」は、旅行業法施行規則第12条第1項第1号で、「法及びこれに基づく命令についての知識」と規定されるため、その出題対象は、法である「旅行業法」と、これに基づく命令にあたる「旅行業法施行令」「旅行業法施行規則」「旅行業者等が旅行者と締結する契約等に関する規則」「旅行業法に規定する旅行業約款に係る民間事業者等が行う書面の保存等における情報通信の技術の利用に関する法律施行規則」「旅行業者営業保証金規則」「旅行業協会弁済業務保証金規則」であるといえる。しかし、これまでの出題をみると実際の出題対象は、「旅行業法」と「旅行業法施行令」「旅行業法施行規則」「旅行業者等が旅行者と締結する契約等に関する規則」に絞ってよいものと考えられる。また、「旅行業法施行要領」は、法でも命令でもないので対象外になるが、解釈の基準となるので、目を配っておく必要がある。

2) 出題科目の背景

　「旅行業法令」については、法令の改正を試験対象に関係する事象と捉える。法令の改正がなされるには、そのもととなる事象があり、その結果、命令の改正、最終的には旅行業法の改正になる。しかし、そこに至る以前に、

問題となる事象につき当面の解決を図る必要が生じることもある。それには、旅行業法施行要領の改正や通達を発出することによって対応される。これは、試験問題の出題対象ではないが、まさに、現在起きている法令上の問題が現れたものなので、留意しておく必要がある。

　ここからは、旅行業法の大きな改正となった2004年公布で2005年4月に施行された改正以降の主要な事象を示す。

　まず、2005年4月に施行された改正法であるが、第2条の旅行業の定義に「運送等サービスを旅行者に確実に提供するために必要と見込まれる運送等サービスの提供及び運送等関連サービスの提供に係る契約を、自己の計算において、運送等サービスを提供する者及び運送等関連サービスを提供する者との間で締結する行為」が加わった。そして、「旅行業務取扱主任者」が「旅行業務取扱管理者」とされ「一般旅行業務取扱主任者試験」は「総合旅行業務取扱管理者試験」となった。その旅行業務取扱管理者の職務は、「旅行に関する計画の作成」「料金の掲示」「旅行業約款の掲示及び備置き」「企画旅行の円滑な実施のための措置」「旅行者又は旅行に関するサービスを提供する者と締結した契約の内容に係る重要な事項についての保管」に関する事項が加わり9事項となった。さらに、旅行業者等に、旅行業務取扱管理者の職務に関し必要な知識及び能力の向上を図る努力義務が、追加された。そのほか、営業保証金及び弁済業務保証金から弁済を受ける権利を有する者を旅行者に限定すること、旅程管理研修を実施する機関を指定制度から登録制度にすること、旅程管理業務に関する実務の経験の軽減、禁止行為として旅行者の保護に欠け、または旅行業の信用を失墜させる行為の追加、旅行業者代理業者が旅行業務につき旅行者に加えた損害を所属旅行業者が賠償する責任、取引条件の説明事項や契約締結時に交付する書面の記載事項の追加、誇大広告が禁止される事項として、旅行地における旅行者の安全の確保や感染症の発生の状況など衛生に関する事項などの追加などが定められた。

　1996年に改正法が施行される以前の旅行業法では、同法第4条第3項で、旅行業の種別として「一般旅行業」「国内旅行業」「旅行業代理店業」が定められていたが、1996年以降は、「旅行業」と旅行業の枠には入らない「旅行

業者代理業」となった。旅行業法では、業務の範囲を分けていないのである
が、旅行業法施行規則第1条の2（現第1条の3）で、「登録業務範囲」を定
め、海外を含めた募集型の企画旅行を実施する場合は第1種旅行業務、国内
に限った募集型の企画旅行を実施する場合は第2種旅行業務、企画旅行を実
施しない場合は第3種旅行業務とした。すなわち、第3種の旅行業者は、募
集型企画旅行を実施できなかった。

　だが、21世紀に入り2003年1月小泉首相が、観光立国としての基本的な
あり方を検討するため観光立国懇談会を設置することを決め、4月には観光
の意義や課題、戦略などについて取りまとめた「観光立国懇談会報告書～住
んでよし、訪れてよしの国づくり～」が提出された[1]。これを受けて、同年
7月、「観光立国関係閣僚会議」において、関係行政機関が実行すべき「観光
立国行動計画」を策定した。「観光立国関係閣僚会議」の下に、観光に関する
有識者で構成する「観光立国推進戦略会議」が2004年に設置された。この
報告書は、4つの課題と55の提言という形で取りまとめられているが、その
初めの章の「国際競争力のある面的観光地づくり」では、地域がそれぞれの
魅力を発見・創造するとともに、国も意欲ある地域を支援すべきことを提言
している[2]。ここに観光立国の推進の旗印として「地域振興」が掲げられた
わけである。

　そして、2006年の「構造改革特区の第8次提案に対する政府の対応方針」
に、地域が企画する創意工夫に満ちた旅行商品の流通を促して地域振興を進
める観点から、第3種旅行業者が募集型企画旅行を行えるように検討を行う
旨が示され、これを受けて、「創意工夫豊かな地域の企画旅行商品の流通促進
に関する委員会」で検討が行われた結果、第3種旅行業者が、一定の条件を
満たす募集型企画旅行を実施することができることとする報告書が取りまと
められた。この報告書のポイントでは、国内旅行市場の低迷の解決方策とし
て、潜在力ある地域と、着地型旅行商品の開発に熱心な旅行会社とのマッチ
ングシステムの構築、地域密着型の中小旅行会社のランドオペレーター機能

ランドオペレーター：旅行業者と旅行サービス提供者の間で手配を仲介する事業者

の育成などが示されている。こうして、地域の観光資源を熟知した地元の中小観光事業者による旅行商品の創出促進が可能になるよう、2007年5月、募集型企画旅行の催行区域が、当該募集型企画旅行ごとに、営業所のある市町村とこれに隣接する市町村及び一定の区域内に設定されている場合は、第3種旅行業者もその募集型企画旅行の実施を可能とする旅行業法施行規則第1条の2の改正が施行されたのである[3]。

　旅行業法上の「旅行業」とは、第2条第1項で、報酬を得て、一定の行為を行う事業であるとしている。この第2条第1項で列記された一定の行為で、旅行者のため、運送等サービスの提供を受けることについて、代理して契約を締結し、媒介をし、または取次ぎをする行為や運送等サービスを提供する者のため、旅行者に対する運送等サービスの提供について、代理して契約を締結し、または媒介をする行為は基本的旅行業務とされ、これらの行為を行うには旅行業登録が必要となる。代理とは、代理人が本人のために相手方との間で意思表示をし、または意思表示を受けることで法律効果が本人に直接帰属する制度で、代理人は、自己の意思で代理行為をする。一方、他人の決定した意思表示を伝達する者などは代理人ではなく使者と区別される[4]。また、媒介とは、他人の間にたって、他人を当事者とする法律行為の成立に尽力する事実行為という[5]。これらの行為を、運送等サービスを提供する者と旅行者の間で行えば、旅行業に該当するわけであるが、なかなかわかりにくい例もある。

　単なる広告は、それ自体旅行契約にかかる法律効果はない。また、金融機関などの料金収受代行業務を取り扱う者は他人の決定した意思表示に従って料金収受代行を行っているので、旅行業に該当しないといえるが、21世紀に入り旅行業務でのインターネットでの役割が増すと、その境界線を見出しにくくなってきた。インターネット取引においては、単なる広告や情報提供の場合もあるが、そこから意思表示をし、意思表示を受ける行為につながることも多い。インターネット取引では、こういうサイトを、オンライントラベルエージェント（OTA）やメタサーチとよぶが、一般に前者は自らが旅行契約の当事者になるのに対し、後者はそこから旅行業者や運送・宿泊機関にリ

ンクし、契約は旅行者とその旅行業者や運送・宿泊機関との間で直接締結される。しかし、これが旅行業に該当するかわかりにくいところがあるので、2007 年 12 月、旅行業法施行要領に「ISP（インターネット・サービス・プロバイダー）等が運営するウェブサイトを介して旅行取引を行う場合は、遅くとも予約入力画面から予約確認画面に移行する際（すなわち、予約入力画面に入力された情報を送信する際）までに、旅行者と旅行業者またはサービス提供事業者との間での取引となる旨が明確に表示されている場合には、ISP 等の旅行業の登録は不要とする」という項目が加えられた。あわせて、旅行者がいくつかのサービスの中から選択して旅行計画を組み立てるいわゆる「ダイナミックパッケージ」は、募集型企画旅行に該当するという項目が加えられている。なお、2008 年 1 月、日本旅行業協会と全国旅行業協会は「インターネットを利用した旅行取引に関するガイドライン」を出している。

　2008 年には、「観光圏の整備による観光旅客の来訪及び滞在の促進に関する法律」（観光圏整備法）が施行される。この法律は、旅行業法及びこれに基づく命令ではないので試験対象の範囲外であるが、その第 12 条で旅行業法の特例を定めているため、旅行業法にはかかわっている。この観光圏整備法では、市町村または都道府県は、「観光圏整備計画」を作成することができ、そこには、滞在促進地区の区域が記載される。観光圏整備計画が作成され、それにより、観光圏整備事業を実施しようとする者は、「観光圏整備実施計画」を作成するが、その申請において、その滞在促進地区内の宿泊業者が、その宿泊者の旅行について当該観光圏内の旅行に関しての取り扱いについて適合であれば、観光圏内限定旅行業者代理業として営むことができる。観光圏内旅行業者代理業は、観光圏整備実施計画の認定によるが、この場合、旅行業法の例外として旅行業務取扱管理者に代えて、一定の研修を修了した者を観光圏内限定旅行業務取扱管理者として選任できることとなった。

　そして、2008 年 10 月には、観光庁が、発足する。これに伴い、旅行業法中「国土交通大臣」とされている語が「観光庁長官」に置き換わる。

　さて、2009 年は、7 月に第 1 種旅行業者が催行したトムラウシ山への募集型企画旅行ツアー中に 8 名が死亡する遭難事故が発生した。当該旅行業者に

対しては立入検査が行われ、業務停止処分がなされた。なお、当該旅行業者
においては、2012 年にも中国で遭難死亡事故が発生し、その後、旅行業の登
録取り消し処分がなされている。なお、2009 年 9 月、日本旅行業協会は、ツ
アー登山運行ガイドラインを安全対策の観点から改訂[6] している。

　また、2009 年 9 月には、消費者庁が設置され、それに伴う旅行業法改正が
行われた。ここでは、旅行業法中の取引準則にかかる部分の観光庁の所管が
観光庁と消費者庁の共管となり、第 12 条の 2 から第 12 条の 8 の「国土交通
省令」とされている語が「国土交通省令・内閣府令」、第 12 条の 3 の「観光
庁長官」とされている語が「観光庁長官及び消費者庁長官」に置き換わって
いる。その国土交通省令である旅行業法施行規則のうち当該部分は、削除さ
れ、新たに、内閣府令・国土交通省令となった「旅行業者等が旅行者と締結
する契約等に関する規則」として定められた。そのほか、業務改善命令や報
告聴取、立入検査について消費者庁長官に権限が付与されるなどの改正がな
されている。

　ところで、公益法人改革三法が 2008 年 12 月に施行され、民法の公益法人
に関する規定を削除し、従来の社団法人・財団法人が、一般社団・財団法人
または公益社団法人・財団法人に移行することとなった。ただ、従来の社団
法人・財団法人においては、5 年間の移行期間が設定されており、日本旅行
業協会は 2011 年、全国旅行業協会は 2013 年に一般社団法人となっている。

　さて、国土交通省は、総務省から出された勧告[7] をうけ、2010 年 12 月か
ら、バス事業規制の見直しや今後のバス事業のあり方について検討する「バ
ス事業のあり方検討会」を開催し、2012 年 3 月に「『バス事業のあり方検討
会』報告書〜高速バスと貸切バスの健全な発展に向けて〜」を取りまとめた
が、その直後の、2012 年 4 月 29 日に、群馬県藤岡市の関越自動車道上り線
で、ツアーバスが死傷者を出す事故が生じた。この事故によりツアーバスの
問題についての関心が高まり、その運営、制度の問題点を指摘する声が高
まった。当時のツアーバスは、高速路線バスのような規制がなく、募集型企
画旅行として取り扱われ、実質的な運賃たる旅行代金は、自由に決められて
おり、旅行者は、どのバス会社のバスに乗車するかは事前にわからなかった。

　そうした中、旅行業者が旅行者と締結する契約等に関する規則が改正され、2012年7月に施行された。ここでは、同規則第3条と第13条が改正され、第3条では旅行業法第12条の4に基づく取引条件の説明を行う事項として、第13条では旅行業法第12条の7に基づく広告の表示事項として、企画旅行における運送サービスについて、旅行者が取得することが望ましい輸送の安全に関する情報が加えられた。これに伴い通達「企画旅行に関する広告の表示基準等について」では、高速ツアーバスの場合、利用貸切バス会社名を表示する旨の記載が追加された。バス事故については、その後も2014年3月に北陸自動車道で高速乗合バスが、2016年1月には、軽井沢でスキーバスの転落事故がおこる。この軽井沢スキーバス事故をきっかけに、2016年11月、国内企画旅行において貸切バス会社名の表示をする「企画旅行に関する広告の表示基準等について」の改正がなされた。なお、高速ツアーバスは、2013年5月より新高速乗合バスに移行し、同年8月より、新高速乗合バスに一本化された。

　2012年7月には、旅行業法施行規則も関連して改正され、同規則第10条で旅行業法第11条の2に基づく旅行業務取扱管理者の職務として、取引の公正、旅行の安全及び旅行者の利便を確保するため必要な事項として観光庁長官が定める事項が加わった。なお、観光庁長官が定める事項とは、貸切バスの安全にかかわる事項である。また、第37条の9でも旅行業法第13条に基づく禁止行為の事項として、企画旅行の実施のための運送サービスを提供する者に対し、輸送の安全の確保を不当に阻害する行為が加わっている。

　先に、地域密着型の旅行商品の創出強化のために、第3種旅行業者の業務範囲の拡大がなされたが、さらに、地域独自の魅力を活かした着地型旅行を促進するため、旅行業法施行規則第1条の2に地域限定旅行業の区分を加え

ツアーバス：主に高速道路を経由して2地点間を定期的に運行する高速路線バスは、一般乗合旅客自動車運送事業で、路線バスである。しかし、ツアーバスは、一般乗合旅客自動車運送事業ではなく、旅行業者が一般貸切旅客自動車運送事業者であるバス事業者と運送契約を結び、そのバスを用いて2地点間だけの旅行で完結する募集型企画旅行商品として集客する。

る改正が 2013 年 4 月に施行された。

　高速ツアーバスは、旅行業者が旅行代金として対価を決定していたが、これを安くするには貸切バスの運賃・料金が安くなければ可能にならない。すなわち、これは、貸切バスの運賃・料金は届出制であるものの、旅行業者とバス会社で交渉される実勢運賃が届け出た適正な額となっていないことをあらわす。旅行業者が企画旅行商品を旅行代金で価格競争力をつけるには貸切バス事業者にこうした圧力がかかるが、これは、高速ツアーバスに限ったものでない。ただ、このようなことがおこるのは運賃・料金制度が適切といえないとも考えられるので、2014 年 4 月、合理的で実効性のある新しい貸切バスの運賃・料金制度が実施されている。

　さて、先述のごとく、インターネットによる旅行取引は増えている。しかし、海外 OTA については、日本の旅行業登録を有していないケースがほとんどであるため、観光庁はウェブサイトにおける適切な表示のあり方について「オンライン旅行取引の表示等に関するガイドライン」を策定し、2015 年 6 月に公表した。

　旅行業法令に違反した場合、旅行業法第 19 条で、登録の取消し等の不利益処分を行政庁はすることができるが、これについての基準の通達が、「旅行業法第 19 条第 1 項に基づく旅行業者の不利益処分の基準について」として発出されていた。それが、軽井沢スキーバス事故を受け、2017 年 4 月に改正され、より不利益処分の軽減の適用が厳格になるなどした。

　さて、旅行業法施行要領では、2007 年 12 月以来、「国、地方公共団体、公的団体又は非営利団体が実施する事業であったとしても、報酬を得て法第 2 条第 1 項各号に掲げる行為を行うのであれば旅行業の登録が必要である」としていたが、2017 年 7 月「自治体が関与するツアー実施に係る旅行業法上の取扱いについて」と「災害時のボランティアツアー実施に係る旅行業法上の取扱いについて」の通知が、観光庁参事官より発出された。前者は、自治体がツアーの実施に関与する場合のうち、自治体が実質的にツアーの企画・運営に関与し、かつ、営利性、事業性がないものであれば、旅行業法の適用がないと示したもので、後者は、緊急性・公益性の高いボランティアツアーに

ついては、ボランティアに限定して期限を限定し、募集や料金収受を行った場合でも、日常的な接触のある団体内部での行為とみなし、旅行業法に抵触しないこととする旨示したものである。

　これは、前者については年数回程度実施する住民向けなどのツアー実施は、営利性、事業性がないことを裏付けられれば、旅行業法に抵触しないものと考え、自治体の機動性の確保をサポートしたものといえる。また、後者は、東日本大震災以来、ボランティアツアー実施の需要があるものの旅行業法上の問題があるゆえボランティアツアーの催行がしにくいとの指摘があったところ、前年に熊本地震があったことからも、その公益性を確保する意味でも旅行業法上の問題をクリアしたものといえる。ここでは、いずれも、旅行業の定義としての報酬性につき、その報酬に営利的性格があるかという点を基準にしているものと思える。

　したがって、翌2018年7月の旅行業法施行要領の改正では、上述の「国、地方公共団体、……旅行業の登録が必要である」が削除され、定義の事項のはじめに「法第2条第1項各号に掲げる行為を行うにあたり、当該行為が旅行業に該当するかは、旅行業務に関する対価の設定、募集の範囲、日常的に反復継続して実施されるものであること等を踏まえ、総合的な判断を要するものである」の記載が加えられた。

　2018年になると、1月に旅行業法の改正が施行された。これは、2017年8月に公布された通訳案内士法及び旅行業法の一部を改正する法律によるもので、訪日外国人旅行者の急増にともない、地方への誘客を進めながら、地域独自の自然や文化を体験できる旅行商品の提供を促進していくことやランドオペレーターの業務の適性化を図ることを背景としている[8]。そのほか、暴力団を排除する項目を第6条の登録を拒否する事項で加えている。なお、同時に旅行業法施行規則、旅行業者等が旅行者と締結する契約等に関する規則の改正も施行されている。

　この改正での主要な改正点は、旅行サービス手配業の登録制度と地域限定旅行業務取扱管理者の創設である。このほか、取引条件の説明や書面の交付の際の記載事項に通訳案内士の同行の有無を加えることなどの改正がなされ

た。

　「旅行サービス手配業」とは、報酬を得て、旅行業者（外国の旅行業を含む）のため、旅行者に対する運送等サービスまたは運送等関連サービスの提供について、これらのサービスを提供する者との間で、代理して契約を締結し、媒介をし、または取次ぎをする行為を行う事業である。ただし、日本国外の当該サービスについての同行為などは除かれる。旅行サービス手配業者は、旅行サービス手配業務取扱管理者の選任や旅行サービス手配業務に関し取引をする者と旅行サービス手配業務に関し契約を締結したときに書面を交付する義務などを負う。

　地域限定旅行業務取扱管理者は、従来の総合・国内の旅行業務取扱管理者に加えられたもので、2018年度より地域限定旅行業務取扱管理者試験が実施されている。なお、地域限定旅行業では、一定の場合には複数の営業所で1人の選任で認められることとなった。

　なお、地域限定旅行業については、2018年4月施行の旅行業法施行規則の改正で、前事業年度の旅行者との取引の額が、400万円未満の旅行業者については、営業保証金の額が15万円に引き下げられた。あわせて、この改正で旅行業法施行規則に別表第二が加えられ、第1種旅行業で前事業年度の旅行者との取引の額が8億円以上の旅行業者の営業保証金は引き上げられている。

　2018年は、6月に、住宅宿泊事業法と改正旅館業法が施行されている。住宅宿泊事業法は、いわゆる民泊が近年増加しているが、既存の旅館業法では、対応しきれないために制定されたものである。その際、旅館業法も制定以来根本的な改正がなされていなかったため、時代にそぐわない点もあり同時に改正された。

　住宅宿泊事業法では、住宅宿泊仲介業の規定を定めるが、旅行業者は住宅宿泊仲介業を営むことができるとされているため、旅行業者が住宅宿泊事業についてのサービスの取引を行う際にも、禁止行為として、住宅宿泊事業の届出をした者であるかどうかの確認を怠る行為を追加する旅行業法施行規則の改正が行われた。また、住宅宿泊仲介業務を行う際の取引条件の説明事項、

書面の記載事項に届出住宅の届出番号等を追加する旅行業者等が旅行者と締結する契約等に関する規則の改正も施行された。

3）試験問題の分析

　ここからは、以上の事実や背景などをもとに、「旅行業法令」の試験問題について分析する[9]。

　旅行業法第1条の「目的」は、総合旅行業務取扱管理者試験、国内旅行業務取扱管理者試験とも、毎年1題出題されている。出題方式は、実施年により、単純な「4択」の場合もあるし「正答組合せ4択」の場合もある。さらに、総合旅行業務取扱管理者試験においては、「穴埋め4択」、「正答全選択」の実施年もある。「目的」は、旅行業法の根幹であり、外すことができない問題といえるが、130字程度の一文の条文であるため、毎年出ていると当然受験者の方でヤマをはられ、その結果同じような問題であれば、本条の持っている本質的な意味を理解せず、機械的に解答されてしまう恐れがある。それでは、試験をする意味をなさないので、このように出題方式に変化を富ませて、本条の本質を理解しているかを試しているものと思える。ここでの本条の本質的な意味とは、旅行業法は消費者保護を目的とした法律であるということである。したがって、どのような形で出題されていても、ここを押さえておけば解答を導き出せる。ここがわかっているかを試すのが、本条出題の意義である。本条は、条文の前段に達成のための手段3箇、後段に目的3箇が示されている。以前は、この違いに焦点を当てその混同から解答を誤らせることを導く問題もあったが、この10年ではそのような問題は出題されていない。このような試験技術を試すような問題は、本条出題の意義を確かめるにはふさわしくないと出題サイドで悟ったのかもしれない。

　旅行業法第2条の「定義」も毎年出題されている。総合旅行業務取扱管理者試験では毎年1題出題されている。国内旅行業務取扱管理者試験でも、毎年1題であるが、2017年は2題出題されている。この出題の大きな傾向は、旅行業に定義される3要素、「報酬性」「行為性」「事業性」の中で、行為性に

かかるところに焦点がある。ここでは、旅行業法は、消費者保護法であり、その規制するところは、旅行者と旅行業者の間の取引にかかる問題が対象となることが理解できているか、という点である。設問になっている行為の例として旅行者と旅行業者との間以外のものがあげられているが、ここを押さえておければ、示された実例が替わろうと、適切でない例として排除できる。具体的なヒントは、いくつか旅行業法施行要領でも示されているので、あとは応用できるかである。

　ところで、「出題科目の背景」で取り上げたとおり、今世紀に入りインターネットによる旅行取引の対応に苦慮している形跡がみられる。メタサーチは旅行業にならないと考えられているが、OTA は、基本的に旅行業になる。こういうところも旅行業の定義を考えるには重要ではあるが、この解釈は旅行業法施行要領の次元である。そのため、「旅行業法令」の出題にはなじまないが、実は現在の旅行業においては看過できない課題である。では、これは試験ではどのように扱われているのであろうか。定義における行為性に関して、「インターネット」の語が選択肢に含まれる問題は、総合旅行業務取扱管理者試験において、この 10 年間で 4 題出題されている。

○ホテル業者がインターネットを使用して、自ら経営するホテルの宿泊プランを販売する行為　（総合 2010 年 問 1）
○ホテル業者がインターネットを使用して、自ら経営するホテルの宿泊サービスを提供する行為　（総合 2013 年 問 15）
○ホテル事業者が、インターネットを利用して予約を受け付け、自ら経営するホテルの宿泊サービスを提供する行為　（総合 2014 年 問 14）
○宿泊業者が、インターネットを利用して、自ら経営するホテルの宿泊サービスと他人の経営する観光タクシーのセットプランを販売する行為（総合 2018 年 問 3）

　その 4 題の選択肢は以上のとおりであるが、同じような状況設定の問題が繰り返されている。特に上の 3 題は、多少の字句の違い以外はほとんど変わ

らない。さすがにこれでは出題モデルが固定すると考えたのか、2018 年の問題は、これまでと異なり旅行業に該当する設定となっているが、宿泊業者が、インターネットを用いる点は同様である。以上を鑑みると、出題者の葛藤が感じられる。インターネットにかかる旅行取引は喫緊の課題であるが、その取扱いは微妙である。海外 OTA などは旅行業に該当するが、実際には登録していない。そして、インターネットによる旅行取引はどういう形であれば旅行業になり、どういう場合にはならないか、は旅行業法令に明記されているのではなく旅行業法施行要領の解釈にとどまる。したがって、この点を衝く出題は難しい。しかし、インターネットの問題は、現実に旅行業等の登録が必要であるか否かを判断する場合には避けられない問題であるため、このことには関心を持ってもらわなければならない。そのため上記の 4 題は、解答が明確になる事例を挙げ、「インターネット」という語をあえて使わなくても問題は成り立つのに、「インターネット」という語を使って、受験者に、インターネット取引のことも考えておかねばならない、というメッセージを送っているのではないかと思える。

　次に「登録」について分析する。第 1 条・目的、第 2 条・定義は、ひとつの条で毎年 1 題出題されていたが、「登録」は、登録、変更登録等登録にかかる一連の事項、営業保証金につき供託から還付に至る一連の事項、廃止にかかわる事項を対象とする。出題数は、実施年により多少変動があるが、総合旅行業務取扱管理者試験、国内旅行業務取扱管理者試験とも、毎年 4 題程度である。

　「登録」にかかわる問題は、第 1 種旅行業、第 2 種旅行業、第 3 種旅行業、地域限定旅行業の登録業務範囲と登録行政庁、変更登録・登録事項の変更の対象となる事項、登録拒否事由、営業保証金供託のプロセスとその額が、主たる出題対象である。登録事項の変更や営業保証金の問題は、日数や額など数値にかかわる出題、条文に事項が列挙されている登録拒否事由などは、記載された事項が把握できているか、を試す出題がみられる。このような出題に対しては、条文の意味を背景から導き出すことはなかなか難しく、技術的な対策が必要となってくる。

　登録業務範囲は、旅行業法施行規則第1条の3、登録行政庁については、都道府県が処理する事務として旅行業法施行令第5条及び旅行業法施行規則第1条の2で定められ、これも行政の都合による技術的なものといえるが、実際の実務では、これが登録番号として現れ、旅行者が実際に登録されているか、を検索できる手がかりになる消費者保護にかかわるものであるともいえる。もちろん、旅行業者は登録行政庁の監督を受けるので、その監督主体を把握しておくことは、旅行業務取扱管理者として必要なことであろう。それゆえ、この問題は頻出されているともいえる。

　さて、地域限定旅行業は、2013年4月から導入されているが、その年の旅行業務取扱管理者試験では、以下のように地域限定旅行業にかかわる出題が多くみられた（なお、ほかに受託契約にかかわる問題もあるが後述）。

○地域限定旅行業者は、一の企画旅行ごとに一の自らの営業所の存する市町村（特別区を含む。）の区域、これに隣接する市町村及び観光庁長官の定める区域内についてのみ、企画旅行を実施することができる。（総合2013年　問1）

○地域限定旅行業の新規登録を受けた者が、申請時に添付した書類に記載した年間取引見込額が5000万円未満のときに供託すべき営業保証金の額は100万円である。（総合2013年　問3）

○地域限定旅行業を営もうとする者であって、その基準資産額が100万円であるもの（総合2013年　問16）

○業務の範囲が地域限定旅行業務である旅行業の新規登録又は更新登録の申請をしようとする者は、申請書を観光庁長官に提出しなければならない。（国内2013年　(3)）

○地域限定旅行業の登録を受けた者が供託すべき営業保証金の額は、当該地域限定旅行業者が新規登録又は変更登録の申請時に添付した書面に記載した年間取引見込額が5000万円未満である場合にあっては、100万円である。（国内2013年　(6)）

　このあとも地域限定旅行業者にかかわる問題は出題されているが、これは、個性のある観光地域を作る観光立国政策の推進のための方策として着地型旅行の促進を図るための期待を地域限定旅行業者に託しているあらわれといえよう。2018年に地域限定旅行業者の営業保証金の最低額が15万円に引き下げられた件についても、以下のように「総合」、「国内」とも、その年に出題されている。

○地域限定旅行業の新規登録を受けた者が供託すべき営業保証金の額は、登録の申請時に添付した書類に記載した旅行業務に関する旅行者との年間取引見込額が400万円未満の場合は、15万円である。（総合2018年 問6）
○地域限定旅行業の新規登録を受けた者が供託すべき営業保証金の額は、登録の申請時に添付した書類に記載した旅行業務に関する旅行者との年間取引見込額が400万円未満である場合にあっては、15万円である。（国内2018年（6））

　なお、国内旅行業務取扱管理者試験では、以下のように、地域限定旅行業の相談に応ずる行為に焦点を当てた問題が頻出している。

○地域限定旅行業者は、本邦外の旅行に関する相談に応ずることはできない。（国内2014年（4））
○地域限定旅行業者は、一の企画旅行ごとに一の拠点区域内において実施される企画旅行は実施できるが、本邦外の旅行に関する相談に応じることはできない。（国内2016年（4））
○地域限定旅行業者は、本邦外の旅行に関する相談に応ずることができる。（国内2018年（4））
○地域限定旅行業者は、本邦外の旅行に関する相談に応ずることはできない。（国内2019年（4））

　このように、ほぼ同様の問題が７年間で４回出題されている。これは、旅行業法施行規則第１条の３第４号で、地域限定旅行業務は地域限定の企画旅行の実施及び旅行業法第２条第１項第３号から第５号までに掲げる行為以外のものとされているため、旅行業法第２条第１項第９号で定める旅行に関する相談に応ずる行為は、地域限定であるか否かを問わず他の登録業務範囲の旅行業と同様、本邦外の旅行であっても応じることが可能ということを、特に、伝えたいというあらわれであるといえよう。

　では、これにはいかなる意図があるのであろうか。上述のごとく、地域限定旅行業者は、着地型旅行の促進のために導入された一つの手段である。この参入要件は、これまで旅行業の中では最もハードルが低かった第３種旅行業者より、営業保証金や基準資産の面で、さらに下げて参入をしやすくしている。それでなければ、財政的基盤の弱い地方の参入希望者が参入できず、結果、着地型旅行の促進にならないからだ。しかし、この面がクリアされても、旅行業務取扱管理者は選任しなければならない。

　そうなると、試験合格者がいない場合、旅行業務取扱管理者試験を受けてもらわなければならない。2018年より地域限定旅行業務取扱管理者試験ができたが、当初は、相対的に簡単な国内旅行業務取扱管理者試験を受験することになったであろう。そうした、地域限定旅行業に従事する者に、地域限定旅行業でできることを認識させる意図があるのではないか。地域限定旅行業者においても、受託契約をして、総合旅行業務取扱管理者が選任されていれば、他の旅行業者の実施する海外募集型企画旅行を当該他の旅行業者を代理して企画旅行契約を締結すること（いわゆる受託販売）ができる。しかるに、国内旅行業務取扱管理者試験でありながら、問題文中にあえて「総合旅行業務取扱管理者が選任されているものとして」という文を加えてまでこういう問題を出題したのは、受験者に地域限定旅行業者の可能性を認識してもらうことで、まずは、金銭的にハードルが低い、地域限定旅行業者への登録への動機付けを高める意図があるのではないか、と考える。

　もちろん、地域限定旅行業者制度の目的は、地域振興である。しかし、それを達成するには、まずは登録してもらわなければならない。登録するには、

旅行業務取扱管理者が必要である。そのためには、試験に合格してもらう必要がある。しかし、受験者からすれば、地域振興だけでなく、より大きい可能性があればモチベーションが上がる。そういうところに、この出題の意図があるのではないかと思える。地域限定旅行業は、着地型旅行の促進を前面に出し、地域振興だけのものであるような印象を与える。そういう表面だけではわからない地域限定旅行業者ができることを、試験を通じて訴えたかったのではなかろうか。なお、地域限定旅行業者の本邦外の旅行に関する相談についての問題は、2018年、2019年と続けて出題されている。2018年より地域限定旅行業務取扱管理者試験が実施されたが、ここでは国内旅行業務取扱管理者試験と同内容の出題がされている。地域限定旅行業推進の意図が反映されたものと思える。

　また、第3種旅行業者が、地域限定で募集型企画旅行を実施できるようになったのは、2007年であるが、これを認識させるような2010年の問題を例として下記に示す。

　○第3種旅行業者は、本邦内のいかなる企画旅行も実施することはできない。（総合2010年　問4）
　○第3種旅行業が観光庁長官の定める区域内において企画旅行も実施するためには観光庁長官にその旨の届出を行わなければならない。（国内2010年（4））

　さて、本出題対象に対して国内旅行業務取扱管理者試験で気になるのは、一時期下記のような罠にはめるような問題が出題されたことである。

　○第2種旅行業者は、本邦外の企画旅行（旅行者からの依頼により旅行に関する計画を作成し、これにより実施するものに限る。）を実施することができる。（国内2015年（4））
　○第3種旅行業者が実施できる企画旅行については、一の企画旅行ごとに一の自らの営業所の存する市町村（特別区を含む。）の区域、これに隣接

する市町村の区域において実施されるものに限られる。(国内 2016 年
(4))

　2015 年の問題は、旅行業法施行規則第 1 条の 3 (当時第 1 条の 2) の第 2 種
旅行業務は「本邦外の企画旅行 (参加する旅行者の募集をすることにより実施す
るものに限る)」の「参加する旅行者の募集をすることにより」を「旅行者か
らの依頼により旅行に関する計画を作成し、これにより」に差し替えて文を
作ったもので、すなわち、第 2 種旅行業者は、海外の募集型企画旅行は実施
できないが、受注型企画旅行は実施できることの認識を問う問題である。ま
た、2016 年の問題は、同条の「企画旅行 (一の企画旅行ごとに一の自らの営業
所の存する市町村 (特別区を含む。以下同じ。) の区域、これに隣接する市町村の
区域及び観光庁長官の定める区域 (次号において「拠点区域」という。) 内におい
て実施されるものを除く。) の実施に係るもの以外のもの」の「観光庁長官の
定める区域」以下の部分を除いたものである。
　国内旅行業務取扱管理者試験では、条文をそのまま用い、それを一部改変
して出題しているものが時折みられるが、そもそも条文は読みにくいもので、
2015 年の問題のように受注型企画旅行といえば分かるものを条文通り記すこ
とで錯覚を招く。出題する立場から考えれば、条文をそのまま用いると出題
における誤りが少なくなるため無難ではあるが、このような出題の仕方は出
題者の保身的発想によるもので、旅行業務取扱管理者に求められる能力を真
に試せるかは疑問である。2016 年の問題も同様で、確かに条文の一部が欠落
しており条文からこれが正しいかといえば正しくはないが、この場合の観光
庁長官の定める区域とは、出題の時点では、離島や半島で隣接はしていない
が、一般定期航路で結ばれる市町村であり事実上隣の市町村である。同条の
意義は営業所のある市町村と隣の市町村の範囲で募集型企画旅行が実施でき
るということで、それが分かれば問題はない。しかるに、本問のような、些
末な条文読み込み不足から正解を求められないという出題は、本筋から離れ
る。本試験の合格者に求められるのは条文の把握ではなく、条文の意味を理
解したうえで、旅行業法の目的である消費者保護の理念を実際の旅行実務に

活用することにある。このような問題は、法令を実際の旅行実務に活用する
能力を試すというより、あまりにも試験テクニックの熟度を試すに偏った問
題であるといえる。各問の正誤が合否に反映されない問題の傾向は、文章が
長い、文章・問題の構成が複雑である問題にある ¹⁰⁾ ことから、このような
出題は適切であるとはいえない。

　ところで、2013 年 4 月に地域限定旅行業の制度が生まれたが、その年実施
の試験では、多くの出題がなされたことはすでにみた。改正後にその箇所が
出題される傾向は、2018 年 1 月に旅行業法が改正された際に第 6 条の登録拒
否事由に加わった暴力団を排除する項目も、以下のように、改正された年及
び翌年実施の試験にも現れている。

　○法人であって、その役員のうちに暴力団員等に該当する者があるもの
　　（総合 2018 年 問 5）
　○暴力団員による不当な行為の防止等に関する法律第 2 条第 6 号に規定す
　　る暴力団員でなくなった日から 5 年を経過しない者　　（国内 2019 年（5））

　「旅行業務取扱管理者」についての問題は、総合旅行業務取扱管理者試験、
国内旅行業務取扱管理者試験とも、毎年 2 題程度出題されている。そのうち
1 題は旅行業務取扱管理者の選任にかかわる問題、1 題は旅行業法施行規則
第 10 条の旅行業務取扱管理者の職務に関する問題である。旅行業務取扱管
理者の職務に関する問題は、総合旅行業務取扱管理者試験では、「正答全選
択」の方式で出題されている。

　さて、2018 年 1 月より、旅行業法、旅行業法施行規則の改正が施行され、
地域限定旅行業者においては、営業所間の距離が 40km 以下で、取扱額の合
計が 1 億円以下である場合には、旅行業務取扱管理者が複数営業所で兼務で
きることとなった。この点は当年度の出題より早速以下のように反映されて
いる。

　○本邦内の旅行のうち拠点区域内のもののみについて旅行業務を取り扱う

営業所において選任される旅行業務取扱管理者は、法6条第1項第1号から第6号までのいずれにも該当しない者で、総合旅行業務取扱管理者試験、国内旅行業務取扱管理者試験又は地域限定旅行業務取扱管理者試験（当該営業所が所在する地域に係るものに限る。）に合格した者でなければならない。（総合 2018 年　問 7）

○複数の営業所を通じて人の旅行業務取扱管理者を選任することができるのは、地域限定旅行業者及び当該地域限定旅行業者を所属旅行業者とする旅行業者代理業者であって、国土交通省令で定める要件をみたす場合に限られる。（総合 2019 年　問 7）

○地域限定旅行業者であって、近接した複数の営業所において旅行業務取扱管理者を選任する場合、当該複数の営業所間の距離の合計が 40 キロメートル以下で、当該複数の営業所の前事業年度における旅行業務に関する旅行者との取引の額の合計額が 1 億円以下の場合は、当該複数の営業所を通じて 1 名の旅行業務取扱管理者を選任することで足りる。(国内 2018 年（7）)

○地域限定旅行業者は、本邦内の旅行のうち営業所の所在する市町村の区域その他の国土交通省令で定める地域内のもののみについて旅行業務を取り扱う営業所にあっては、地域限定旅行業務取扱管理者試験（当該営業所の所在する地域に係るものに限る。）に合格した者を旅行業務取扱管理者として選任することで足りる。(国内 2019 年（8）)

　地域限定旅行業者の旅行業務取扱管理者については、2018 年改正の施行前にも、以下のような問題が出題されている。ただ、この問題は他の選択肢とともに旅行業務取扱管理者に関する問題として設定されているが、この選択肢自体は登録業務範囲にかかわるものといってもよいかもしれない。

○地域限定旅行業者の営業所において、総合旅行業務取扱管理者試験に合格した者で、法第 6 条第 1 項第 1 号から第 5 号までのいずれにも該当しないものを選任している場合、海外の宿泊施設の手配を取り扱うことが

できる。（総合 2016 年 問 14）

　先にみたように、地域限定旅行業者の旅行業務取扱管理者については、改正後すぐに問題に反映されているが、2012 年 7 月施行の改正で旅行業法施行規則第 10 条に旅行業務取扱管理者の職務が加わった件に関しては、すぐには反映されていない。以下のように、しばらくたってから、あたかも従来の問題のひとつのようなおもむきで出題されている。

○施行規則第 10 条第 1 号から第 9 号に掲げるもののほか、取引の公正、旅行の安全及び旅行者の利便を確保するため必要な事項として観光庁長官が定める事項（国内 2016 年（10））
○取引の公正、旅行の安全及び旅行者の利便を確保するため必要な事項として観光庁長官が定める事項（総合 2018 年 問 20）

　これは何を意味するのであろうか。この職務に関しては改正に注目させる意図はないようである。旅行業法施行規則第 10 条第 10 号の職務は、観光庁長官が定める事項となっており、具体的に何なのかは施行規則からはわからない。具体的には、貸切バスの安全の確保にかかわる事項で、2012 年 6 月に観光庁長官が「旅行業法施行規則第 10 条第 10 号の規定に基づき観光庁長官が定める旅行業務取扱管理者の職務について」として通知したものであるが、これは旅行業法令ではないので、試験では出題できない。したがって、上記に示したような具体的に何なのかがわからない漠とした出題になる。すなわち、この条文のみでは、これだけを知っていても実際の実務に生かせないため試験の目的を果たせないと考え、あえて、出題していなかったのではなかろうか。2012 年 6 月施行の改正では、他の条項でも貸切バスの安全の確保にかかわる事項につき改正されているので、この点の訴求は、ここではっきりしない形でするより、他に譲った方が望ましいと判断したのではないかと思える。
　次に、「取引準則」についての問題である。「取引準則」からの出題は、総

合旅行業務取扱管理者試験、国内旅行業務取扱管理者試験とも 1 ／ 3 以上を占め、「旅行業法令」科目の主要な出題対象となっている。これは、旅行業法施行規則第 10 条で示す現行規則で 10 項目ある旅行業務取扱管理者の職務のうち、6 項目が、直接、旅行業法の「取引準則」の条文を示して、それを管理、監督することを掲げているため、自らが行わなければならない職務を把握する意味で、ここに比重がかかるのは当然といえる。

　「取引準則」については、出題数も多く、総合旅行業務取扱管理者における出題方法は「4 択」「正答組合せ 4 択」「正答全選択」とバリエーションに富む。旅行業法の取引準則の規定を受けた旅行業者等が旅行者と締結する契約等に関する規則に定める各条は事項を列挙したものが多いため「正答全選択」の出題方法になじむものといえる。

　さて、上述の貸切バスの安全の確保にかかわる問題への反映であるが、以下のように、2013 年、2017 年及び国内旅行業務取扱管理者試験においては2018 年にもみられる。

○旅行者が提供を受けることができるサービスに専ら企画旅行の実施のために提供される運送サービスが含まれる場合にあっては、当該運送サービスの内容を勘案して、旅行者が取得することが望ましい輸送の安全に関する情報は国土交通省令・内閣府令で定める広告の表示事項の一つである。(総合 2013 年　問 6)

○旅行者が提供を受けることができるサービスに、専ら企画旅行実施のために提供される運送サービスが含まれる場合は、当該運送サービスの内容を勘案して、旅行者が取得することが望ましい輸送の安全に関する情報を表示しなければならない。(総合 2017 年　問 9)【広告の表示事項】

○旅行者が提供を受けることができるサービスに専ら企画旅行の実施のために提供される運送サービスが含まれる場合にあっては、当該運送サービスの内容を勘案して、旅行者が取得することが望ましい輸送の安全に関する情報を表示しなければならない。(国内 2013 年（16)）【広告の表示事項】

○旅行者が提供を受けることができる運送、宿泊又は食事のサービスの内容に専ら企画旅行の実施のために提供される運送サービスが含まれる場合にあっては、当該運送サービスの内容を勘案して旅行者が取得することが望ましい輸送の安全に関する情報（国内 2017 年（16））【広告の表示事項】

○旅行業者等は、旅行者と手配旅行契約を締結しようとするときは、手配の内容に運送サービスが含まれる場合にあっては、当該運送サービスの内容を勘案して、旅行者が取得することが望ましい輸送の安全に関する情報を書面に記載しなければならない。（国内 2018 年（11））【取引条件の説明書面の記載事項】

　取引条件説明事項、取引条件説明書面記載事項、契約書面記載事項、広告表示事項に運送サービスにかかる輸送の安全に関する情報が加えられたのは、2012 年 7 月施行の旅行業者等が旅行者と締結する契約等に関する規則改正時である。これは、バス事業規制の見直しやバス事業のあり方の検討に基づくものである。すなわち、ここでの輸送の安全の輸送とは、貸切バスを想定している。そして、改正直前の 2012 年 4 月 29 日に関越自動車道でバス事故があり、また、2016 年 1 月には、軽井沢でスキーバスの転落事故があった。上記引用の問題は、いずれもその翌年の「総合」、「国内」の両試験で出題されている。まさに、バスを取り扱うに際しての注意喚起を強調したメッセージ性が強く感じられる。

　ここでは、改正と事故の翌年に当該箇所にかかわる問題が出題されているが、2018 年 6 月の住宅宿泊事業法施行にともない旅行業者等が旅行者と締結する契約等に関する規則の改正も施行された。住宅宿泊事業法第 12 条では、住宅宿泊事業者の宿泊サービス提供契約の仲介は、住宅宿泊仲介業者のみならず旅行業者も可能としており、住宅宿泊事業者、いわゆる民泊の手配を含む旅行契約では、当該住宅宿泊事業者の関する事項を、取引条件説明事項、取引条件説明書面記載事項、契約書面記載事項で加えなければならなくなった。この件に関しては、以下のように、改正施行年の総合旅行業務取扱管理

者試験でさっそく出題されている。

　○旅行者が提供を受けることができる旅行に関するサービスに、企画旅行
　　の実施のために提供される届出住宅における宿泊のサービスが含まれる
　　場合にあっては、宿泊サービス提供契約を締結する住宅宿泊事業者の商
　　号、名称又は氏名及び届出番号並びに旅行者が宿泊する届出住宅（総合
　　2018 年 問 17）【取引条件の説明事項】

　しかしながら、同年 1 月には、旅行業の改正に伴う旅行業者等が旅行者と
締結する契約等に関する規則の改正も施行され、ここでも、取引条件説明事
項、取引条件説明書面記載事項、契約書面記載事項に全国通訳案内士又は地
域通訳案内士の同行の有無が加わっている。しかし、これは、改正年の 2018
年及び翌 2019 年の「総合」、「国内」両試験とも出題されていない。民泊に
ついては、単品手配や話題性もあり、取り上げる必要があると考えたものの、
通訳案内士が求められるインバウンドのエスコート付の旅行は、国内の既存
の旅行業者にはかかわりが小さい、あるいは、対象が外国人中心となるので
消費者保護を目指す法律としては、自国民の保護を優先すべきと考えられて
いるのかもしれない。
　ところで、2001 年の書面の交付等に関する情報通信の技術の利用のための
関係法律の整備に関する法律（IT 一括法）施行以来、取引条件説明書面記載
事項、契約書面記載事項は、情報通信の技術を利用する方法で提供すること
が可能となった。これにかかわる問題は、毎年ではないが繰り返し出題され
ている。以下に、総合旅行業務取扱管理者試験、国内旅行業務取扱管理者試
験からそれぞれ一題例を示す。

　○旅行業者等は、取引条件の説明書面の交付に代えて、電磁的方法により、
　　書面に記載すべき事項を提供しようとするときは、あらかじめ、旅行者

インバウンド：ある国においてその国以外から来る旅行者

に対し、電磁的方法の種類及び内容を示せば、旅行者の承諾を得る必要
はない。（総合 2010 年 問 8）【取引条件の説明書面の記載事項】
○旅行業者等は、取引条件の説明書面の交付に代えて、旅行者の承諾を得
て、事項を電子情報処理組織を使用する方法であって国土交通省令・内
閣府令政令で定めるものにより、当該書面に記載すべき事故を提供する
ことができる。（国内 2010 年（12)）【取引条件の説明書面の記載事項】

　インターネットを用いた旅行取引は漸増しているため、これにかかわる出
題を繰り返し行い、受験者にこのことに関心を持ってもらうよう喚起し続け
ることは必要である。ただ、インターネット取引において取引上留意しなけ
ればならないことは、この点に限らない。旅行業法令には示されない広告に
かかわる件を含めて、より詳細には「インターネットを利用した旅行取引に
関するガイドライン」などに譲ることになる。広告については、旅行業者等
が旅行者と締結する契約等に関する規則第 12 条、第 13 条、第 14 条の範囲
の出題で、すなわち、通常の広告と同様という前提の規制を問うにとどまる
ためインターネットに特化した広告の出題はない。これは、ガイドラインは、
旅行業法令でないため仕方ないことといえる。
　「禁止・取消・改善・罰則」からは、総合旅行業務取扱管理者試験、国内旅
行業務取扱管理者試験とも約 1 割の出題がある。ここでは、「禁止」は、第
13 条・禁止行為、第 14 条・名義利用等の禁止、「取消」は、第 19 条・登録
の取消し等、第 20 条・登録の抹消等、「改善」は、第 18 条の 3 ・業務改善
命令、「罰則」は、第 64 条以下の雑則、罰則を対象としている。この分け方
が適切かは議論の余地があるが、旅行業者等に不利益になるものを基準に
括っている。
　「禁止」については、2012 年 7 月に施行された旅行業法施行規則の改正で、
第 37 条の 9 に加わった、運送サービス提供者に対し、輸送の安全の確保を
不当に阻害する行為については、貸切バスを念頭に入れられたものであるが、
この件に関しては、翌年の試験で、「総合」、「国内」とも以下のように出題さ
れている。

○運送サービス（専ら企画旅行の実施のために提供されるものに限る。）を提供する者に対し、輸送の安全の確保を不当に阻害する行為は、旅行者の保護に欠け、又は旅行業の信用を失墜させるものとして国土交通省令で定める禁止行為の一つである。（総合 2013 年　問 10）

○旅行業者等は、運送サービス（専ら企画旅行の実施のために提供されるものに限る。）を提供する者に対し、輸送の安全の確保を不当に阻害する行為をしてはならない。（国内 2013 年（21））

　同種の問題は、その後も総合旅行業務取扱管理者試験では、2016 年、2019年と、国内旅行業務取扱管理者試験では、2014 年、2017 年、2018 年と出題されている。また、2018 年 6 月施行の住宅宿泊事業法にともなう旅行業法施行規則の改正では、第 37 条の 9 にさらに、住宅宿泊事業者が届出をした者であるかどうかの確認を怠る行為が加わったが、これも以下のように同年に「総合」、翌年に「総合」、「国内」とも出題されている。

○旅行者が提供を受けることができる旅行に関するサービスに、企画旅行の実施のために提供される届出住宅における宿泊のサービスが含まれる場合にあっては、宿泊サービス提供契約を締結する住宅宿泊事業者の商号、名称又は氏名及び届出番号並びに旅行者が宿泊する届出住宅（総合 2018 年　問 17）

○旅行業者等が、宿泊のサービスを提供する者（旅館業法第 3 条の 2 第 1 項に規定する営業者を除く。）と取引を行う際に、当該者が住宅宿泊事業法第 3 条第 1 項の届出をした者であるかどうかの確認を怠る行為は、禁止行為に該当する。（総合 2019 年　問 14）

○旅行業者等は、宿泊サービスを提供する者（旅館業法第 3 条の 2 第 1 項に規定する営業者を除く。）と取引を行う際に、当該者が住宅宿泊事業法第 3 条第 1 項の届出をした者であるかどうかの確認を怠る行為をしてはならない。（国内 2019 年（19））

　このように、改正により追加された禁止行為は、すみやかに、旅行業界人に認知させる必要があるため、その直後の試験で出題されたものと考えられる[11]。

　「取消」は、第 19 条・登録の取消し等にかかわる問題で、この 10 年間に総合旅行業務取扱管理者試験で 7 題、国内旅行業務取扱管理者試験で 10 題出題されている。第 19 条は、観光庁長官が命ずる業務の停止、登録の取り消し事由を定める。なお、この取消しとは、講学上の撤回で、瑕疵なく成立した行政行為について、新たな事情が発生したため、その行政行為の効力を将来に向かって消滅させること[12] である。それを踏まえて、次に、第 20 条により登録の抹消が行われる。もちろん、登録の抹消の事由は、第 19 条の登録の取消しのみに限らず、第 15 条の廃止など他にもある。しかし、この第 20 条に関する問題は、「総合」、「国内」とも、この 10 年出題されていない。

　「改善」は、第 18 条の 3 の業務改善命令にかかわる問題で、この 10 年間に総合旅行業務取扱管理者試験で 9 題、国内旅行業務取扱管理者試験で 7 題出題されている。第 18 条の 3、第 19 条とも、大きな改正はなく、それぞれ事由が列記されている形態の条文であることもあって、その適用を問う問題が繰り返されている。

　「罰則」は、第 64 条以下の雑則、罰則を対象としている。これについては、従来、観光庁長官の権限に属する事務のうち都道府県知事が処理する事務について時々出るぐらいであった。「罰則」については、ほとんど出題されなかったが、2018 年には、「総合」、「国内」とも、以下のように出題されている。

○雑則及び罰則に関する次の記述のうち、正しいものをすべて選びなさい。
　a. 旅行業者等は、その名義を他人に旅行業又は旅行業者代理業のため利用させた場合、1 年以下の懲役若しくは 100 万円以下の罰金に処せられ、又はこれを併科される。

b. 観光庁長官は、法令に基づき必要かつ適当であると認めるときは、旅行業法又は旅行業法に基づく命令に違反する行為を行った者の氏名又は名称を、インターネットの利用その他の適切な方法により一般に公表することができる。

c. 観光庁長官の行う登録を受けず旅行サービス手配業を営んだ者又は不正の手段により登録を受けた者は、1年以下の懲役若しくは100万円以下の罰金に処せられ、又はこれを併科される。

d. 観光庁長官は、法令違反行為を行った者の氏名を一般に公表しようとするときは、あらかじめ、当該法令違反行為を行った者に対して意見を述べる機会を与えなければならない。　　　　（総合 2018 年　問 25）

○雑則及び罰則に関する次の記述のうち、正しいもののみをすべて選んでいるものはどれか。

a. 観光庁長官は、旅行業務又は旅行サービス手配業務に関する取引の公正の維持、旅行の安全の確保及び旅行者の利便の増進のため必要かつ適当であると認めるときは、国土交通省令で定めるところにより、旅行業法又は旅行業法に基づく命令に違反する行為を行った者の氏名又は名称を一般に公表することができる。

b. 観光庁長官は、法第 1 条の目的を達成するため必要な限度において、その職員に旅行業者等若しくは旅行サービス手配業者の営業所に立ち入り、帳簿書類その他の物件を検査し、又は関係者に質問させることができる。

c. 旅行業若しくは旅行業者代理業又は旅行サービス手配業を無登録で営んだ者は、1年以下の懲役若しくは100万円以下の罰金に処し、又はこれを併科する。　　　　　　【選択肢略】（国内 2018 年（25））

　これは、2018 年 1 月施行の旅行業法で罰則が強化され、次に述べる新たに創設された旅行サービス手配業を含めて無登録営業には、従来、罰金刑だけであったのが懲役刑も科せられることになったこと、旅行業法で法令違反行為を行った者の氏名等の公表が可能となり（第 71 条）、旅行業法施行規則で

氏名等の公表方法はインターネットの利用その他の適切な方法により行う（第74条）ことを関係者に認知してもらうためのメッセージが含められていると強く感じる。

「代理・受託・手配業」からは、総合旅行業務取扱管理者試験、国内旅行業務取扱管理者試験それぞれ毎年2題程度の出題がある。「代理」は、第14条の3・旅行業者代理業者の旅行業務等に関して、「受託」は、第14条の2・企画旅行を実施する旅行業者の代理に関して、「手配業」は、第2章第2節の第23条から第40条の旅行サービス手配業に関しての出題である。

「総合」、「国内」とも、出題については「代理」、「受託」、両方、あるいは実施年により一方のみの出題となっている。ただ、出題数は「受託」の方が多い。これは、1996年の改正以前は代理店業（当時）についての懸案が生じていたが、近年は、特に、着地型の募集型企画旅行を推進する政策ゆえ、その流通について関心を持ってもらいたい現れとも感じられる。

また、以下のような、地域限定旅行業者が第1種旅行業者の受託旅行業者となれるかどうか、の問題は、総合旅行業務取扱管理者試験では、地域限定旅行業が導入された2013年以降毎年出題されている。このような毎年の出題は、総合旅行業務取扱管理者試験受験者に多いと思われる第1種旅行業者の関係者に、地域限定旅行業者を認知させ、その活用を誘導する意図があると考えられる。

○地域限定旅行業者は、第1種旅行業者の受託旅行業者となることができる。（総合 2013年 問11）

「手配業」は、2018年1月施行の旅行業法改正で導入されたものであるが、2018年、2019年と「総合」、「国内」ともに1題ずつ出題されている。新たな制度を周知させる意図が感じられる。しかし、導入初年度の総合旅行業務取扱管理者試験の以下の出題のように、条文を加工しただけ（これは旅行業法第2条第6項、旅行業法施行規則第1条第2号であるが、問全体を鑑みて、「定義」に区分せず「代理・受託・手配業」に入れている）の生粗っぽい例もみられる。

この選択肢は、本邦外のみの手配については、旅行サービス手配業の登録を受けなくてもいいことがわかっているか、を問うているが、条文のカッコの中身をそのまま付けた状態で出題しているため、条文の読み方を心得ない、すなわちその訓練をしていない受験者に対して真の求められる能力を試せているかというと疑問が残る。

　○旅行業を営む者（外国の法令に準拠して外国において旅行業を営む者を含む。）のため、旅行者に対する本邦外における運送等サービス又は運送等関連サービスの提供について、これらのサービスを提供する者との間で、代理して契約を締結し、媒介をし、又は取次ぎをする行為のみを行う場合であっても、旅行サービス手配業の登録を受けなければならない。（総合2018年　問24）

　「旅行業協会」の出題は、各年、概ね、総合旅行業務取扱管理者試験3題、国内旅行業務取扱管理者試験2題である。その中で、対象となるのは、旅行業協会の業務と弁済業務、それに「総合」については、苦情の解決である。弁済業務は、「総合」ではこの10年間毎年出題されている。
　これは、特に海外旅行や募集型企画旅行を実施する第1種旅行業者において、旅行業協会の旅行者に対する救済機能を認知してもらいたい意図が総合旅行業務取扱管理者試験の試験事務代行機関でもある日本旅行業協会にあると考える。弁済業務保証金は、営業保証金にかわる旅行者のための弁済のため供託されているものであり、これは取扱額の大きい旅行業者に、より意義がある。また、苦情の解決は、紛争解決のためのADR的機能で、その活用は、旅行者、旅行業者等にとって身近な解決のための機関といえる。こういう救済のための制度を受験者に伝えることでも、消費者保護の達成を図ろうとしている意図が読み取れる。

ADR：Alternative Dispute Resolution　裁判外紛争解決手続

2. 約　　款

1）試験範囲

　旅行業法施行規則第12条では、試験科目を、旅行業約款、運送約款及び宿泊約款に関する知識としている。「約款」の試験範囲は、これまでの出題をみると総合旅行業務取扱管理者試験では、旅行業約款と国際航空約款、国内航空約款、宿泊約款、一般貸切自動車運送事業約款、また、国内旅行業務取扱管理者試験では、旅行業約款と、毎年、国内航空約款、フェリー運送約款、一般貸切自動車運送事業約款（貸切バス）、JR旅客営業規則、宿泊約款が出題されている。

　試験科目では、運送約款及び宿泊約款としているため、どの運送約款が対象になっているかは、過去の問題からの判断であり、総合旅行業務取扱管理者試験で、規定上からはフェリー運送約款やJR旅客営業規則がこれからも出題されないということにはならない。一方、国内旅行業務取扱管理者試験での、国際航空約款の出題は考えられない。

　旅行業約款は、旅行業法第12条の2で、各旅行業者が定めて、認可を受けることになっており、本来、旅行業者ごとに違うはずである。しかし実際は、ほとんどの旅行業者で、旅行業法第12条の3により、これを使えば、認可を受けたものとみなされる標準旅行業約款を用いているため、ほとんどの旅行業者で標準旅行業約款による旅行契約が行われている。そのため、旅行業務取扱管理者試験の出題も旅行業約款は、標準旅行業約款から出題されている。

　ただ、後述するように、最近は、標準旅行業約款ではカバーしきれない旅行取引もあらわれ、それに対応する必要が出てきた。そのため、個別約款を申請し、その認可された約款で取引が行われることもある。今のところは、これらの個別約款は出題されていないが、個別約款といっても雛形があるの

で、これらが出題対象からはずれるということは、旅行業法施行規則からは
解釈できない。したがって、当面は標準旅行業約款のみからの出題になろう
が、個別約款が射程する取引が普遍化してくると、そこからの出題も考えら
れなくはない。

　なお、標準旅行業約款は、募集型企画旅行契約の部、受注型企画旅行契約
の部、別紙特別補償規程、手配旅行契約の部、渡航手続代行契約の部、旅行
相談契約の部と別紙特別補償規程で構成される。出題は、いずれからもされ
ているが、渡航手続代行契約の部については、国内旅行業務取扱管理者試験
では、出題されない。

　運送約款、宿泊約款についても、国際運送約款（国際航空約款）、国内旅客
運送約款（国内航空約款）については問題文中航空会社名を示している。ま
た、一般貸切自動車運送事業約款（貸切バス）については、一般貸切旅客自
動車運送事業標準運送約款、フェリー運送約款については、海上運送法第9
条第3項の規定に基づく標準運送約款（フェリーを含む一般旅客定期航路事業
に関する標準運送約款）、JR旅客営業規則については、旅客鉄道会社（JR）の
旅客営業規則、宿泊約款については、モデル宿泊約款と問題文中に示してい
る。

2）出題科目の背景

　「約款」の試験対象に関係する事象については、こと約款の改正となると、
法令の改正やそのもととなる事象に連動していることが多く、「旅行業法令」
の出題科目の背景で述べた例と重なるところがある。以下では、できるだけ
重複を避けて記述する。特に改正の背景となる社会的な事象は、「旅行業法
令」の記述に拠ってもらえればよいかと考える。

　ここでも、「旅行業法令」で述べたのと同様、2005年4月に改正法が施行
された旅行業法とともに改正された標準旅行業約款から主要な点を記述して
いく。

　2005年4月の改正標準旅行業約款では、従来、主催旅行契約とよばれてい

たものが、募集型企画旅行契約となり、標準旅行業約款の主催旅行契約の部
は、募集型企画旅行契約の部となっている。また、手配旅行契約の部に含ま
れていた企画手配旅行契約は、その包括料金であるものについては受注型企
画旅行契約となり、標準旅行業約款に新たに受注型企画旅行契約の部が加え
られた。この受注型企画旅行契約においては、企画手配旅行契約では除かれ
ていた携帯品の特別補償責任も加わり、旅程管理責任が課されるようになっ
た。特別補償制度は全般に拡充したが、「企画旅行参加中」の定義が見直さ
れ、契約書面に明らかにした場合、いわゆる「**中抜き**」部分は「企画旅行参
加中」とはされないこととなった。また、旅程保証制度も、「契約書面の記載
内容」からの変更だけであった要件が、契約書面から確定書面の際に変更、
確定書面から実際に提供されたサービスの変更も対象となるなど拡充された
が、運送機関会社名の変更において等級または設備がより高いものへの変更
を伴う場合には支払対象としない旨が明記された。

　そのほか、旅行業者の解除権として、旅行開始前に合理的な範囲を超える
負担を求める旅行者について契約を解除できること、旅行開始後に添乗員等
の指示への違背、暴行・脅迫を行う旅行者について契約を解除できることな
どが明記された。

　また、これまで明記されていなかった通信契約の場合における旅行代金の
払戻し日の明記、手配旅行契約では規定されていた団体・グループ手配の際
の契約責任者の規定を企画旅行契約でも規定、旅行者が保護を要する状態に
ある場合に旅行業者が必要な措置をとることを明記、旅行者の責任の明確化
するなどの改正が行われている。

　2007 年 5 月に、旅行業法施行規則の改正が施行され、一定の区域内におい
ては、第 3 種旅行業者も募集型企画旅行を実施することが可能となったが、
この際その第 3 種旅行業者が用いる旅行業約款には、募集型企画旅行契約の
部の契約の申込みにつき、旅行代金の 20 ％以内の申込金の提出とともに旅
行開始日より前には、申込金を除き、旅行代金の収受は一切行わない旨の記

中抜き：旅行者が企画旅行業者の手配に係る運送・宿泊機関等のサービスの提供を一切
　　　受けない日（特別補償規程第 2 条第 2 項で規定）

載が入った。なお、これは、地域限定旅行業創設に伴う 2013 年 4 月の改正
で廃止され、第 3 種旅行業者の標準旅行業約款も他の旅行業者と同一になる。

　2014 年 7 月には、「旅行開始後」の定義の明確化と暴力団排除条項を新設
した改正が施行されている。「旅行開始後」の定義の明確化とは、別表第 1 の
取消料表に特別補償規程に基づく「サービスの提供を受けることを開始した
時」を「旅行開始後」とする旨などを明記したものである。

　なお、2018 年 4 月施行の改正では、同年改正が施行された旅行業法で条文
が移動したことによる条数の変更による修正、社団法人旅行業協会となって
いた部分を一般社団法人旅行業協会にする修正が行われている。

　さて、先に、標準旅行業約款ではカバーしきれない旅行取引に対応するた
め個別約款を申請し、その認可された約款に雛形があることを示したが、
2020 年 5 月現在、観光庁のホームページ「旅行業法における各種様式＜旅行
業約款の認可申請について」では、次の 10 例が示されている [13]。

　現地発着約款（ランドオンリー約款）
　クルーズ約款（フライ＆クルーズ約款）
　クルーズ約款（フライ＆クルーズ約款）及び現地発着約款（ランドオンリー約
　　　　　款）
　コンビニ約款（コンビニエンスストア等を使用した募集型企画旅行商品等の販
　　　　　売に関する約款）
　受注型企画旅行契約約款（実額精算による取消料の設定）
　PEX 運賃等の取消料・違約料を反映した取消料を設定することができる旅
　　　行業約款
　宿泊施設がより高い等級のものへ変更になった場合に変更補償金の支払い
　　　対象としないこととすることができる旅行業約款
　PEX 運賃等を利用した募集型企画旅行の取消料の設定及び変更補償金の支
　　　払い対象の変更のための旅行業約款
　事業者を相手方とする受注型企画旅行契約約款（受注型 BtoB 約款）
　個人包括旅行運賃を利用した募集型企画旅行の取消料設定のための旅行業

約款（国内募集型 IIT 約款）

　このうち、コンビニ約款は、1997 年 6 月から適用の運輸政策局観光部長通達「コンビニエンスストア等を使用した主催旅行商品等の販売について」で、コンビニエンスストア等を使用した主催旅行商品等の販売する約款を定め認可を得ることと示しているが、それ以外の約款について示されたのは、2014 年以降である。

3) 試験問題の分析

　以下では、以上の状況を踏まえて「約款」の試験問題について分析する。
　旅行業約款の出題は、「団体・旅程管理」、「旅程保証」、「特別補償」を含めて募集型企画旅行契約の部からの出題が 3 ／ 4 程度ある。もっとも、受注型企画旅行契約の部と重なるところもあるが、すなわち、「約款」では募集型企画旅行契約の部を第一に修得することが必要なのである。
　そのなかで、「総則・責任」にかかる出題は 1 割少々ある。第 1 条の適用範囲、第 2 条の用語の定義、第 27 条・旅行業者の責任、第 30 条・旅行者の責任で、基本的に条文に準拠した形で問題がつくられている。
　ただ、総則第 2 条の「定義」で、「国内旅行」、「海外旅行」を定めるが、次のような問題は、拡大するクルーズ需要に備える必要性を伝えようとする意図を感じる。

　○旅行開始地である横浜港からクルーズ船に乗り、青森港に寄港して観光後、目的地であるウラジオストクに向かい、旅行終了地である横浜港で下船する旅行の場合、横浜港出港から青森港出港までの区間は国内旅行として取り扱われる。（総合 2018 年 問 1）

　また、第 2 条では、「通信契約」と「電子承諾通知」も定義されている。問題自体は、特に凝ったものではないが、通信契約にかかわる問題は、契約の

締結のところでの出題も含めると、総合旅行業務取扱管理者試験、国内旅行業務取扱管理者試験とも、この10年間毎年、出題されている。これは、そもそも、対面取引を前提として作成されている旅行業約款において、インターネットによる取引が増える中、通信契約の定義と通信手段を用いるものの通信契約に該当しない取引との違いを繰り返し認識させる意図があると考える。

　「契約の締結」は、第2章の第5条から第12条が対象である。ここで、同形態で頻出されるのは、第5条第4項第5項の特別な配慮を必要とする旅行者に関する出題である。次の例のような形で、「総合」「国内」とも、この10年で7回出題されている。

○旅行の参加に際し、特別な配慮を必要とする旅行者が、契約の申込時にその旨を申し出た場合、旅行業者は可能な範囲内でこれに応じ、旅行者のために講じた特別な措置に要する費用を負担しなければならない。(総合2019年　問2)

　「契約の締結」で、実務上問題になるのは、第8条の契約の成立は旅行業者が契約の締結を承諾し、申込金を受理した時である、という点である。これに関しては、次のような問題がみられる。

○旅行業者が、契約の予約を受け付けた場合において、旅行者が旅行業者の定めた期間内に申込金を提出しない場合又は会員番号等を通知しない場合は、旅行業者は、予約がなかったものとして取り扱う。(総合2019年　問2)

○契約は、通信契約の場合を除き、旅行者からの契約の申込みに対し、旅行業者が契約の締結を承諾し、旅行業者が別に定める金額の申込金を受理した時に成立する。(国内2019年 (4))

　旅行業協会に寄せられる苦情の中で最も多いものの一つに、「募集型企画旅

行において申込金を支払っていないのに取消料を請求された」というものが
ある。つまり契約が成立していない場合は取消料を請求する根拠がないので、
旅行者は取消料を支払う必要がないが、その請求をしている例が多いことが
わかる。この事案は、旅行業界の信用にかかわる問題なので、各旅行業者に
対して糺していくべきものだが、特に、総合旅行業務取扱管理者試験ではあ
まり出題がみられず、国内旅行業務取扱管理者試験では、だいたい上記のよ
うな出題態様である。条文に沿った問題文の作成であるが、現実問題として
の苦情の現れは、根拠のない取消料の請求である。はたして、旅行業務取扱
管理者試験に合格した旅行業務取扱管理者は、契約が成立しなければ取消料
を請求できないというつながり、すなわち、契約の成立によって旅行者の旅
行業者に対する債務がはじめて発生するという理屈の理解ができているので
あろうか。そもそも、この件は「総合」ではあまり出題されていないうえに、
出題も上記のような、取消料の請求という具体的なシチュエーションを想定
できない内容では、少なくとも旅行業務取扱管理者試験を通じては、この改
善には、貢献できていないと考える。しかるに、この問題は、長らく頻出す
る苦情であり続けているともいえる。

　さて、2014 年 7 月施行の改正で、第 7 条・契約締結の拒否（募集型企画旅
行契約の部）に加わった暴力団排除条項であるが、翌年の国内旅行業務取扱
管理者試験で以下のように出題されている。

　○旅行者が、暴力団員、暴力団準構成員、暴力団関係者、暴力団関係企業
　　又は総会屋等その他の反社会的勢力であると認められるときは、旅行業
　　者は、契約の締結に応じないことがある。（国内 2015 年（3））

　また、第 3 種旅行業者が実施する募集型企画旅行については契約の申込み、
旅行代金の収受につき、2007 年 5 月に可能になってから 2013 年 4 月の改正
まで、他の旅行業者とは異なった規定があったが、これについて、2011 年、
2012 年の国内旅行業務取扱管理者試験で出題されている。

　「変更・解除」は、総合旅行業務取扱管理者試験、国内旅行業務取扱管理者

試験とも、1／4程度の出題で、最も大きな比率を占める。この対象は、第
3章・契約の変更、第13条から第15条、第4章・契約の解除、第16条から
第20条になる。そもそも契約は成立すれば、双方、守らならければならな
いもので、それに違背すると契約違反となり損害賠償の対象になるが、成立
後の事情が変わり、変更・解除しなければならない場合もある。そのため、
あらかじめ、そのような事態を想定して準備された契約に組み込めば、違背
せず変更・解除ができることになる。契約条件の条項である約款に、そのよ
うな場合の取り扱いについて定められておれば、まさにそれが契約条件にな
るのである。しかしながら、契約の変更・解除は、通常、契約の締結の時点
では、その当事者は変更・解除をすることは望まず（もちろんそうでない場合
もあるが契約は守らなければならないという原則を前提にすると契約締結時の合意
がその契約の目的である）、事情の変更というイレギュラーな事態によって変
更・解除せざるを得ないことなので、とくに、旅行者側では、契約締結の際
には、このことにあまり関心が及んでいないと考えられる。とはいうものの、
このための措置が必要になることは多く、変更・解除のための措置方法につ
いては、旅行業務取扱管理者として熟知しておくべき事項といえるのである。
したがって、ここからの出題の比率が高いのは当然といえる。

　もっとも、変更・解除の原因となる具体的な事情の変更の態様は、実際に
は多岐にわたる。ここで、変更・解除の業務にあたる旅行業者の担当者は、
そのさまざまな具体的な原因となる態様に、条項を適切に適用し、対応でき
る必要がある。それを試す例として以下の出題を上げる。

○次の記述のうち、旅行者が旅行開始前に募集型企画旅行契約を解除する
　に当たって、取消料の支払いを要するものをすべて選びなさい。（いずれ
　も取消料の支払いを要する期間内の解除とする。）
　a. 旅行に同行する家族がインフルエンザになり、他の旅行者への感染を
　　防ぐためやむを得ず旅行者が契約の解除を申し出たとき。
　b. 旅行者が旅行の開始地である空港に行くために利用した交通機関が大
　　幅に遅延したことにより、搭乗予定便の出発時刻に間に合わないこと

　が判明したとき。

　c. 旅行業者の過失により、契約書面に記載した旅行日程に従った旅行の
　　実施が不可能となったとき。

　d. 一親等の親族が死亡したため、旅行者が契約の解除を申し出たとき。

　　　　　　　　　　　　　　　　　　　　　　　　（総合 2018 年　問 19）

　これは、第 16 条の旅行者の解除権についての出題であるが、旅行者の解
除について取消料の支払いの要否をこのようにシチュエーションを設定して
出題した問題は、この 10 年間で、「総合」4 題、「国内」8 題ある。ここでは、
親族の死亡の例を選択肢として設定しているが、このような親族の事故を例
としたものは、この 10 年間で、「総合」2 題、「国内」4 題出題されている。
これは、1996 年の改正まで、「旅行者の配偶者又は 1 親等の親族が死亡した
ため旅行を取りやめるとき」は、取消料を支払うことなく解除できる規定が
あったことに由来していると思える。

　このような、具体的なシチュエーションを設定しての出題は、条文の運用
能力も試され、実務的には有用と考えるが、他の問題では、条文をそのまま
問うような形態が多く、このような設問はなかなか見出しにくい。だが、旅
行者の解除権については、解釈による誤謬が生じにくいシチュエーションが
つくりやすいのかもしれない。

　契約内容の変更、旅行代金の額の変更に関する問題に以下のような選択肢
の出題もみられるため作問の可能性はあり、もし、出題者がシチュエーショ
ン設定に価値を見出すのであれば、こういう問題は今後増えるかもしれない。

○松山空港から羽田空港への移動に際し、確定書面に記載した航空便の欠
　航により羽田空港に移動できず、やむを得ず、旅行者が松山市内に宿泊
　することになった場合において、旅行の実施に要する費用の増加が生じ
　たときは、当該増加分は、旅行業者の負担となる。（国内 2018 年（5））

「団体・旅程管理」は、募集型企画旅行契約の部、第 5 章・団体・グループ

契約第 21 条から第 22 条、第 6 章・旅程管理の第 23 条から第 26 条、受注型企画旅行契約の部、第 5 章・団体・グループ契約の第 21 条から第 23 条、第 6 章・旅程管理の第 24 条から第 27 条、手配旅行契約の部、第 5 章・団体・グループ手配の第 18 条から第 22 条が対象である。手配旅行には、旅程管理の概念はないが、第 5 章・団体・グループ手配の第 22 条で添乗サービスを定めている。ここからの問題は、これらの各部の規定を比較する設問もあるため、3 つの部をまとめて検討する。出題数は総合旅行業務取扱管理者試験でだいたい 2 題、国内旅行業務取扱管理者試験で 1 題から 2 題となっている。

　各部の規定を比較する設問の例を以下に示す。

○団体・グループ契約に関する次の記述のうち、誤っているものをすべて選びなさい。

　　a. 受注型企画旅行契約において、契約責任者は、旅行業者が定める日までに、構成者の人数を当該旅行業者に通知しなければならない。

　　b. 募集型企画旅行契約において、旅行業者は、申込金の支払いを受けることなく契約の締結を承諾することがある。

　　c. 手配旅行契約において、契約責任者から申出があった構成者の変更によって生じた旅行代金の増加又は減少及び当該変更に要する費用は、構成者に帰属する。　　　　　　　　　　　　　　　（総合 2012 年　問 20）

　また、特定の部（下記の場合は、募集型企画旅行契約の部）の出題であっても、以下のイのように、他の部の規定を誤った選択肢として設定している場合もある。

○募集型企画旅行契約の部団体・グループ契約契約責任者に関する次の記述のうち、誤っているものはどれか。

　　ア．日帰りの国内旅行であって、添乗員その他の者が当該旅行に同行する場合においても、契約責任者は、旅行業者が定める日までに、構成者の名簿を旅行業者に提出しなければならない。

　イ．旅行業者は、契約責任者と契約を締結する場合において、申込金の
　　　支払いを受けることなく契約の締結を承諾することがある。
　ウ．旅行業者は、特約を結んだ場合を除き、契約責任者はその団体・グ
　　　ループを構成する旅行者の契約の締結に関する一切の代理権を有し
　　　ているものとみなす。
　エ．旅行業者は、契約責任者が団体・グループに同行しない場合、旅行
　　　開始後においては、あらかじめ契約責任者が選任した構成者を契約
　　　責任者とみなす。
　　　　　　　　　　　　　　　　　　　　　　　（国内 2019 年（9））

　以上のように、この対象に対しては、各部での規定が微妙に異なるところ
があり、その差異を印象付けようとしている意図がみえる。そういう違いこ
そが、それぞれの契約類型の特性であり、その理解が旅行商品発展のために
必要であるとのメッセージであるともいえる。
　「旅程保証」は、企画旅行契約に適用されるもので、募集型企画旅行契約の
部・第 29 条、受注型企画旅行契約の部・第 30 条が対象である。条文はそれ
ぞれ 1 条であるが、いずれも別表第 2 も出題対象である。出題は総合旅行業
務取扱管理者試験、国内旅行業務取扱管理者試験とも毎年 2 題である。その
うち、1 題は本文の制度にかかわる出題、1 題は別表の変更補償金の支払い
に関する出題である。変更補償金の支払いに関する問題は、具体例を示して
出題されることが多い。これは、別表第 2 に類型が示されているため状況設
定がしやすいことが考えられる。
　変更補償金の支払いは、主に過剰予約（オーバーブッキング）を想定してい
る。これは、過剰予約を行ったのが旅行サービス提供機関であれば、本来、
旅行業者の責めに帰すべき事由でないので、賠償責任はないのであるが、実
際は、その過剰予約を行ったのが旅行サービス提供機関ではなく旅行業者で
あっても、旅行者は旅行業者に旅行サービス提供機関が行ったといわれれば、
それを反証するのは困難であるため、旅行業者に責任が発生することが明ら
かでない場合は、変更補償金を支払う、としたものである。そのため、変更
補償金の額は、どういう場合にいくらと定型的に定められている。この規定

は 1996 年の改正から導入されたが、実際運用してみると、より拡充が望まれる点、現実にそぐわない面などが出てきたため、2005 年の改正で改訂されている。以下の問題は、その部分に関連した出題である。

> ○確定書面に A 航空のエコノミークラスと記載されていたが、A 航空の過剰予約受付により B 航空のビジネスクラスに変更になったとき。(総合 2015 年 問 17)
> ○確定書面に利用ホテルとして記載していた D ホテルの過剰予約受付により、旅行業者の定めた上位ランクの E ホテルに変更になったとき。(総合 2014 年 問 20)

　この問題で、上の選択肢は変更補償金の支払いは必要ないが、下の選択肢は変更補償金を支払う必要がある。これは、別表第 2 の注 4 で「運送機関の会社名の変更については、等級又は設備がより高いものへの変更を伴う場合には適用しません」となっているものの、宿泊機関については、より高いものへの変更について適用しない旨の規定はないためである。変更補償金の支払いの適否は、旅行者の権利にかかわる事案なので、このように細部にわたり把握できているかを試しているものと思える。

　「特別補償」も、企画旅行契約に適用されるもので、募集型企画旅行契約の部・第 28 条、受注型企画旅行契約の部・第 29 条が対象である。こちらも条文はそれぞれ 1 条であるが、別紙特別補償規程があり、出題対象である。特別補償規程は、保険約款に準じたもので、第 22 条まであり、別表も第 1 から第 3 まである。出題は総合旅行業務取扱管理者試験、国内旅行業務取扱管理者試験とも毎年 2 題である。この 10 年間で、総合旅行業務取扱管理者試験においては、1 年だけは別紙特別補償規程から 2 題出題 (2014 年) されたが、その他の年は、1 題は本文の制度あるいは別紙特別補償規程を組み合わせた出題、1 題は別紙特別補償規程の対象列記的事項からの出題である。国内旅行業務取扱管理者試験も同様であるが、「総合」より特別補償規程により比重がかかっている。

　総合旅行業務取扱管理者試験においては、次の例のような特別補償規程第
2条の、サービスの提供を受けることを開始した時及び完了した時にかかる
出題が、この10年間で4回されている。しかし、国内旅行業務取扱管理者
試験では一度も出題されていない。

　○特別補償規程における「旅行者がサービスの提供を受けることを開始し
　　た時」に該当するものをすべて選びなさい。
　　　（添乗員、旅行業者の使用人又は代理人による受付が行われない場合とする。）
　　a.最初の運送・宿泊機関等が航空機であるときは、乗客のみが入場でき
　　　る飛行場内における手荷物の検査等の完了時
　　　　　　　　　　　　　　　　　　　【以下略】　　（総合 2014 年 問 19）

　上の問題は、旅行者がサービスの提供を受けることを開始した時が従来
「航空機であるときは、搭乗手続の完了時」となっていた特別補償規程第2条
第3項第2号イが、2014年7月より施行された改正で上の問題のように「旅
行開始後」の定義が明確化され、その直後の試験問題で、それを周知させる
意図があったものといえる。こういう問題が、「総合」ではよく出題され、
「国内」では出題されないのは、国内旅行業務取扱管理者より海外旅行や航空
機を利用した旅行の多い旅行業者で選任される総合旅行業務取扱管理者の性
質によるものと思える。なお、この「旅行開始後」の定義の明確化自体は、
ウェブチェックインや乗客のみが入場できる飛行場構内に至るまで搭乗手続
をしないことも可能になった近年の搭乗手続きの変化による要請である。
　「受注型企画旅行契約」は、「団体・旅程管理」、「特別補償」を除く、受注
型企画旅行契約の部からの出題で、総合旅行業務取扱管理者試験、国内旅行
業務取扱管理者試験とも1題から2題の出題である。2018年、2019年の「総
合」、2014年の「国内」は1題の出題だが、「その他・総合、組合せ問題」に
含めた、募集型企画旅行契約と受注型企画旅行契約の相違点を問う問題がそ
れぞれ1題出題されている。これらを含めて受注型企画旅行契約と特徴を表
す出題例を以下に示す。

○旅行業者は、あらかじめ明示した参加旅行者の条件を旅行者が満たしていないことが判明したときは、旅行者に理由を説明して、旅行開始前に契約を解除することができる。(総合 2010 年 問 13 誤)

○旅行業者は、旅行業者が旅行代金の内訳として企画料金の金額を明示した企画書面を旅行者に交付したときは、旅行者からの申込みの有無にかかわらず、旅行業者は旅行者に企画料金を請求することができる。(総合2015 年 問 18)

○契約責任者と申込金の支払いを受けることなく契約を締結する場合には、契約責任者にその旨を記載した書面を交付するものとし、当該契約は、旅行業者が当該書面を交付した時に成立する。(総合 2019 年 問 13)

　また、これは、2014 年 7 月施行の改正直後でその周知を含めているといえるが、以下の出題がなされている。上記 (総合 2010 年 問 13) は、募集型企画旅行契約との差に注目した出題であるが、以下の部分は募集型企画旅行契約と同様の規定である。

○旅行者が、旅行業者に対して暴力的な要求行為、不当な要求行為、取引に関して脅迫的な言動若しくは暴力を用いる行為を行ったとき。(総合 2014 年 問 18)【契約締結の拒否事由】

　「手配旅行契約」は、手配旅行契約の部からの出題で、総合旅行業務取扱管理者試験では 2 題、国内旅行業務取扱管理者試験とも 1 題の実施年もあるが、およそ 2 題の出題である。
　総合旅行業務取扱管理者試験の出題は、毎年、1 題は、手配旅行契約全般の特性を問う問題、1 題は、下記のような計算問題である。

○次の手配旅行契約において、旅行者が(1)及び(2)のそれぞれの状況で契約を解除した場合に、旅行業者が当該旅行者に払い戻すべき金額の組合

せのうち、正しいものはどれか。

（旅行代金はいずれも全額収受済とする。）

・旅行サービスに係る運送・宿泊機関等に支払う費用 150,000 円

・旅行業務取扱料金（変更手続料金及び取消手続料金を除く。）10,000 円

・取消手続料金 10,000 円

・旅行者がすでに提供を受けた旅行サービスの対価 80,000 円

・旅行者がいまだ提供を受けていない旅行サービスに係る運送・宿泊機関等に支払う取消料、違約料 40,000 円

(1) 旅行業者の責に帰すべき事由により、旅行者が旅行開始後に契約を解除した場合

　　（旅行業者に対する損害賠償の請求は考慮しないものとする。）

(2) 旅行者の都合で、旅行者が旅行開始後に契約を解除した場合

【以下略】　（総合 2019 年 問 13）

　総合旅行業務取扱管理者試験では、このような問題が、この 10 年間、毎年出題されている。国内旅行業務取扱管理者試験では、2012 年と 2017 年に出題されている。手配旅行の性格、変更手続料金及び取消手続料金の意味、約款の実務的な適用能力を試す良問といえる。

　「渡航手続代行・旅行相談」は、渡航手続代行契約の部及び旅行相談契約の部からの出題で、総合旅行業務取扱管理者試験、国内旅行業務取扱管理者試験とも毎年 1 題出題されている。「総合」では、1 題に渡航手続代行契約と旅行相談契約の選択肢を合わせた形で出題され、「国内」では、旅行相談契約のみの出題で、渡航手続代行契約からは出題されない。

　旅行業約款以外の約款すなわち運送約款及び宿泊約款の出題は、総合旅行業務取扱管理者試験では毎年 10 題であるが、出題形式は、「正誤 2 択」で過半数が国際航空約款、3 割程度が国内航空約款からの出題で、宿泊約款が毎年 1 題、貸切バスの約款が、2018 年、2019 年は 1 題出題されている。国内旅行業務取扱管理者試験は毎年 5 題の出題であるが、出題形式は、「4 択」である。国際航空約款は出題されず、国内航空約款、貸切バスの約款、宿泊約

款のほか、フェリーの約款、JR 旅客営業規則が毎年 1 題出されている。

　旅行業約款以外の約款の問題は、条文内容を示し、それを把握できている
かを問う問題となっている。それぞれの約款は数十条の条項があるが、およ
その傾向がある。国内旅行業務取扱管理者試験では、各約款 1 問で出題形式
が「4 択」なので、当該約款全般からの出題が多い。総合旅行業務取扱管理
者試験では、国際航空約款の比率が高く、ここからの出題は各対象からわり
と万遍に出されているが、国内航空約款については、手荷物関係からの出題
が多い。この 10 年間の出題では 4 割を占める。これは、国内旅行業務取扱
管理者試験の国内航空約款についても同様で、こちらは「4 択」での出題な
ので、各問をばらすと 10 年間で 40 の選択肢があるが、やはり、手荷物関係
の選択肢は 4 割ある。

　宿泊約款については、下記のような、契約した客室の提供ができないとき
の取扱いについて、この 10 年間で 5 回出題されている。

　○ホテル（旅館）は、宿泊客に契約した客室を提供できないときは、宿泊
　　客の了解を得て、できる限り同一の条件による他の宿泊施設のあっ旋を
　　するが、それができないときは、客室を提供できないことについてホテ
　　ル（旅館）の責めに帰すべき事由の有無にかかわらず、違約金相当額の
　　補償料を宿泊客に支払う。（総合 2019 年　問 30）

　旅行業約款以外の約款の出題は、旅行業者が旅行者とのかかわりで、当該
運送・宿泊機関との関係において必要とされる部分に傾斜しているようには
みえる。なお、総合旅行業務取扱管理者試験で 2018 年、2019 年に貸切バス
の約款が出題されているのは、軽井沢スキーバス事故のあった 2016 年の 8 月
に日本バス協会、日本旅行業協会、全国旅行業協会によって、貸切バスツ
アー適正取引推進委員会が設置され、国土交通省においても貸切バスへの監
督が強化され、そして、2018 年に貸切バスの取り扱いの健全化も想定して旅
行サービス手配業が創設される旅行業法の改正がなされたことなど、貸切バ
スの問題を重視する政策が反映されたものと考えられる。

3. 国内旅行実務

1）試験範囲

　「国内旅行実務」の試験範囲は、先に示したように2つの分野が旅行業法施行規則で定められているが、この分野は、「国内運賃・料金」及び「国内地理」と示すこととする。

　「国内運賃・料金」については、総合旅行業務取扱管理者試験では、従来、JR関係と航空関係のみの出題であったが、2017年より貸切バスと宿泊が、2018年よりフェリーが出題されている。また、国内旅行業務取扱管理者試験では、一部出題されない実施年はあるものの、JR関係を中心に航空関係、貸切バス、フェリー、宿泊から出題されている。旅行業法施行規則では、「本邦内の旅行を取り扱う旅行業務に関連する料金に関する知識」と規定されているので、これまでは出題されたことはないが、私鉄、路線バスやタクシーの運賃も試験対象かといえば対象ということになる。なお、国内旅行業務取扱管理者試験では、「国内旅行実務」の中に旅行業約款にかかわる問題が出題されたこともある。

　これは、「国内運賃・料金」というよりも、「国内地理」と表した「その他本邦内の旅行を取り扱う旅行業務に関する実務処理の能力」に含めた方が旅行業法施行規則の記述からは適切かもしれないが、ここでは、便宜上、「国内運賃・料金」に割り振っておく。ただ、「国内旅行実務」において旅行業約款にかかわる出題は、2010年を最後に以降出題されていない。この「その他本邦内の旅行……実務処理の能力」という出題範囲は、いわば、国内旅行に絡めばなんでも出せる記述といえよう。総合旅行業務取扱管理者試験では、毎年時刻表の読みとりが出ているが、これもこの出題範囲を根拠にできる。しかし、本書では、「国内運賃・料金」に割り振っている。時刻表の読みとり自体は、「国内運賃・料金」の問題ではないのだが、総合旅行業務取扱管理者試

験における出題も「国内運賃・料金」の体系にある。同様に、国内旅行業務
取扱管理者試験で出題された国内空港の３レターコードも「国内運賃・料金」
に割り振っている。したがって、本書の「国内地理」においては、国内の観
光資源たる地理の問題を対象に述べるものとする。

2）出題科目の背景

　「国内運賃・料金」と「国内地理」とでは、試験に出題される対象を取り巻
く影響要素が異なるので、試験対象に関係する事象も分けて述べた方がいい
かもしれないが、ある事象については、双方の分野に影響を与えている可能
性もあるといえ、それをより高い見地からみた場合、国内旅行実務全般の環
境の変化ともいえるため、事象の整理は、あわせて述べる。例えば、この 10
年間は、新幹線の開通が多く、これは、JR の運賃・料金制度に変化をもたら
しているが、それに伴い、旅行者の注目する観光地も変化しているといえる
ので、「国内地理」にも影響する。
　ただ、ある程度は、変化する対象をまとめた方がわかりやすいので、以下
では、より一方に、あるいは、一方のみの影響要素対象となりうるものをま
とめて述べているところもある。なお、次の試験問題の分析では、分野に分
けて述べるので、具体的に各分野で特筆すべき内容は、そこで言及する。
　上述のように、この 10 年間は、新幹線の開通が多かった。2010 年 12 月
に、東北新幹線八戸・新青森間が開通している。あわせて、並行在来線が
「青い森鉄道」となって開業している。これにともない、本州と北海道の乗継
割引制度が改正された。
　2011 年 3 月は、東北新幹線で「はやぶさ」が運行開始され、通常の特急料
金より高額の特急料金、グリーン料金より高額のグランクラス料金が、設定
された。その後、東日本大震災が発生し多くの路線が不通になった。震災地
を貫通する主要路線である常磐線が全線再開通したのは 2020 年 3 月になる。
東日本大震災発生の翌日には九州新幹線博多・新八代間が開通し、鹿児島中
央と博多が結ばれた。九州新幹線内のみの「つばめ」と山陽新幹線と直通す

る「さくら」、「みずほ」が運行される。「みずほ」には、通常の特急料金より
高額の特急料金を設定するが、九州新幹線内では、「さくら」、「つばめ」と同
額である。九州新幹線には、乗継割引は設定されていないが、この時、山陽
新幹線と小倉駅、博多駅で在来線に乗り継ぐ場合の乗継割引も廃止された。

　2014年4月、消費税が8％になり、これに伴い運賃・料金が値上げされて
いる。あわせて、自由席特急料金、グリーン車利用の場合などで指定席特急
料金から低減する額は、従来の510円から520円になった。その後、2019年
10月に消費税が10％になるが、その時には530円となっている。また、普
通乗車券などの払戻手数料は、210円から220円になっているが、2019年10
月においての変更はなく220円のままである。また、列車出発日の2日前ま
での指定席特急券などの払戻手数料は、320円から330円になった。2019年
10月には、340円になっている。また、2014年4月の変更では自由席特急券
の有効期間が従来の2日から1日に短縮された。そのほか、距離にかかわら
ず乗車券の有効期間が当日のみであったり、途中下車が認められなかったり
する東京の大都市近郊区間が、中央本線は、東京・塩尻間及び岡谷・辰野・
塩尻間となり、ほかに水郡線の水戸・常陸大子間などが加わる変更があった。

　2015年3月には、北陸新幹線の長野・金沢間が開業する。並行する在来線
はすべて**第3セクター**となり、長野県内の長野・妙高高原間は「しなの鉄道
（北しなの線）」、新潟県内の妙高高原・市振間は「えちごトキめき鉄道」、富
山県内の市振・倶利伽羅間は「あいの風とやま鉄道」、石川県内の倶利伽羅・
金沢間は「IRいしかわ鉄道線」となった。

　2016年3月には、新青森・新函館北斗間で青函トンネルを経由する北海道
新幹線が開通する。北海道における並行在来線は「道南いさりび鉄道」と
なった。これにより、以前は、本州の特急・急行列車と青函連絡船をはさん
で、改正直前は奥羽本線、津軽線・海峡線の特急・急行列車と北海道の特急
列車との間で設定されていた乗継割引はなくなり、新幹線との乗継割引に統
合された。これに先立ち、青森・函館間を運行していた急行「はまなす」は

第3セクター：国や自治体と民間企業の共同で設立される企業

廃止され、これにより定期普通急行列車は全廃となった。また、この時、JR
北海道では在来線の指定席特急料金の繁忙期・閑散期が廃止され、通年通常
期料金となり、座席指定料金も通年 520 円（2019 年 10 月より 530 円）に引き
上げられた。団体旅客運賃は、普通団体の場合、第 1 期と第 2 期の取扱期別
に割引率が異なっているが、3 月 1 日から 5 月 31 日までが第 1 期の期間の一
つになっている。しかし、JR 北海道内のみの利用に関しては、従来 3 月 1 日
から 4 月 30 日となっていたが、2017 年 7 月より、JR 北海道内のみの利用に
おいても他と同様 5 月 31 日までとなった。

　なお、島根県江津と広島県三次を結ぶ三江線が、2018 年 3 月末をもって、
北海道石勝線（夕張支線）が 2019 年 3 月末をもって廃止されるなど、いくつ
かの廃止がみられる。乗継割引については、2020 年 3 月より運行される「サ
フィール踊り子」号については乗継割引を適用しない改正がなされている。

　航空関係では、静岡空港が 2009 年 6 月開港した。2010 年 1 月、日本航空
は、会社更生法の適用を申請し、同年 2 月株式の上場が廃止された。なお、
2011 年 3 月に会社更生手続は終結している。2010 年 3 月には、茨城空港が
開港、2012 年 12 月には、戦前より軍用飛行場として存在する岩国空港に
1964 年より就航していなかった定期便の就航が再開している。

　また、2013 年 3 月には新石垣空港が開港している。石垣島には、従来より
空港はあったが、滑走路が短かったため新設が望まれていた。しかし、環境
問題に関し反対運動があり、曲折のあったのちの開港である。そして、下地
島空港では、2019 年 3 月に新ターミナルが開業し、定期便が就航した。下地
島空港は、以前は、パイロット養成のための訓練飛行場であった。ところが、
下地島に隣接する伊良部島と宮古島の間の伊良部大橋が、2015 年 1 月に供用
が開始され、宮古島と陸路で結ばれるようになった。この伊良部大橋は、
2020 年現在無料通行できる日本で最も長い橋である。

　貸切バスの運賃・料金は、既述の通りバス事故を踏まえ、問題の改善のひ
とつとして、2014 年 4 月、貸切バスの運賃・料金制度が改正された。新しい
制度は、「時間制運賃」と「キロ制運賃」を合算した「時間・キロ併用制運
賃」となり、料金は、深夜早朝運行、交替運転手を配置した時などに発生す

る。貸切バスの運賃・料金は、原則、運輸局ごとに定められた標準的な運賃・料金の幅の範囲内の額を適用する。

　宿泊料金と合わせて特別徴収される税には、鉱泉浴場が所在する市町村において地方税法で定める入湯税があるが、法定外目的税として宿泊税が2002年に東京都で導入された。その後、2017年に大阪府が導入し、以降いくつかの地方自治体で条例を定め徴収している。

　世界遺産は、ユネスコ（国際連合教育科学文化機関）で、採択された「世界の文化遺産及び自然遺産の保護に関する条約」により作成される**「世界遺産一覧表」に記載**される顕著な普遍的価値を有する遺産で、「文化遺産」、「自然遺産」、「複合遺産」がある。2019年末時点で、日本には、23件の世界遺産があり、うち4件が自然遺産、残りは文化遺産で、複合遺産はない。

　この10年では、2011年に「小笠原諸島」が自然遺産に記載されている。同年は、文化遺産として、「平泉−仏国土（浄土）を表す建築・庭園及び考古学的遺跡群」も記載された。その後、日本の遺産で記載された遺産は、すべて文化遺産で、2013年「富士山−信仰の対象と芸術の源泉」、2014年「富岡製糸場と絹産業遺産群」、2015年「明治日本の産業革命遺産　製鉄・製鋼、造船、石炭産業」が記載されている。この「明治日本の産業革命遺産」は、これまでの世界遺産と異なり、8県11市に分布する23の構成資産により構成されており、集合体として顕著な普遍的価値を有するとしたシリアルノミネーションという形で推薦され、記載された。翌2016年には、「ル・コルビュジエの建築作品−近代建築運動への顕著な貢献−」の構成資産の一つとして、国立西洋美術館本館が記載されているが、これも、7か国にまたがる構成資産からなるシリアルノミネーションによるものである。なお、2017年には、「「神宿る島」宗像・沖ノ島と関連遺産群」、2018年は「長崎と天草地方の潜伏キリシタン関連遺産」、2019年には「百舌鳥・古市古墳群」が記載されている。

「世界遺産一覧表」に記載：世界遺産に登録という表現もされているが、これは inscription をどう訳すかの違いである。本書では、文化遺産の所管行政庁である文化庁のホームページで使われている「記載」を用いる。

　世界文化遺産は、有形の遺産を対象とするが、無形の文化遺産も保護しなければ、消滅の危機に及ぶことになる。そこで、ユネスコでは、「無形文化遺産の保護に関する条約」が採択され、無形文化遺産として記載するシステムが構築されている。また、ユネスコでは、世界の重要な記録遺産の保護と振興を目的とした、世界の記憶（世界記憶遺産）の事業も行っている。

　さらに、生物多様性の保全と持続可能な発展との調和を図る地域であるユネスコエコパーク（生物圏保存地域）や国際的重要性をもつ地形・地質学的遺産を有し、これらの遺産を地域社会の持続可能な発展に活用している地域である世界ジオパークもユネスコのかかわるプログラムである。このほか、世界的に重要かつ伝統的な農林水産業を営む地域を、国際連合食糧農業機関（FAO）が認定する世界農業遺産の制度がある。

　自然公園法では、国立公園、国定公園、都道府県立自然公園を自然公園といい、国立公園は、日本の風景を代表する傑出した自然の風景地で、環境大臣が指定するものである。一方、国定公園は、国立公園に準ずる優れた自然の風景地で、環境大臣が関係都道府県の申出により指定する。

　国立公園についてのこの10年の動きは、世界自然遺産である屋久島が2012年3月霧島屋久国立公園から分離して屋久島国立公園として指定された。その際、霧島屋久国立公園は、霧島錦江湾国立公園と改称された。

　2013年5月には、従来の陸中海岸国立公園に青森県の種差海岸階上岳県立自然公園を加えた三陸復興国立公園が指定された。これは、東日本大震災からの復興に貢献するためのもので、2015年5月には、南三陸金華山国定公園が編入されている。

　2014年3月には、沖縄海岸国定公園の一部であった慶良間諸島地域が新たに慶良間諸島国立公園として指定された。また、2015年3月には、上信越高原国立公園の一部であった妙高火山群、戸隠連峰、雨飾山、野尻湖を含む地域が分離して妙高戸隠連山国立公園として指定された。そして、2016年9月、沖縄本島北部にやんばる国立公園が、2017年3月に、奄美大島、喜界島、徳之島、沖永良部島、与論島を含む奄美群島が奄美群島国立公園として指定された。この指定は奄美群島国定公園の指定が解除された上での指定である。

なお、阿寒国立公園は、2017 年 8 月阿寒摩周国立公園に改称されている。

　国定公園については、2015 年 3 月に甑島国定公園が、2016 年 3 月に京都丹波高原国定公園が、2020 年 3 月に中央アルプス国定公園が新たに指定されている。

　次に、観光対象になりうる**コンテンツ**の動向をみる。

　2009 年の NHK 大河ドラマは、「天地人」で上杉景勝に仕えた出羽米沢藩家老直江兼続が主人公であった。翌 2010 年の大河ドラマは土佐の坂本龍馬を主人公とする「龍馬伝」で、同年の NHK 連続テレビ小説は、漫画家水木しげるの妻をモデルとした「ゲゲゲの女房」が放映された。

　2011 年の大河ドラマは、主人公を、徳川 2 代将軍・徳川秀忠の正室・江とする「江〜姫たちの戦国〜」である。江と姉の茶々と初は、滋賀県北東部の小谷城の戦いで敗れた戦国大名浅井長政の娘で、浅井三姉妹といわれる。同年には、ファッションデザイナーコシノ三姉妹の母で、岸和田市でコシノ洋装店を開業した小篠綾子をモデルとした「カーネーション」が放映されている。また、12 月には、ウィリアム・ヴォーリズ設計の滋賀県豊郷小学校がモデルとされる映画「けいおん！」が公開された。

　2012 年の大河ドラマは、瀬戸内海を基盤に武家政権を樹立した「平清盛」である。また、2013 年の大河ドラマは、新島襄の妻で、福島県会津出身の新島八重を描いた「八重の桜」である。これは、東日本大震災からの復興を意図しており、同年は岩手県三陸海岸を舞台とする「あまちゃん」が連続テレビ小説として放送されている。

　2014 年は、姫路生まれで筑前福岡藩初代藩主黒田長政の父・黒田孝高を主人公とする「軍師官兵衛」が、2015 年は、長州、吉田松陰の妹・文を主人公とする「花燃ゆ」が大河ドラマとして放映された。また、4 月には、京都府宇治市を舞台にした「響け！ユーフォニアム」が、テレビアニメ化された。なお、2014 年後半から 2015 年にかけて、日本でウイスキーづくりを始める

コンテンツ：contents の意味は、「内容」であるが、ここでは、文学、芸術作品などの内容を意味する。その内容にかかわる場所を訪問する観光をコンテンツツーリズムという。

物語である「マッサン」が連続テレビ小説として放映されている。

　2016 年の大河ドラマは、信濃国小県郡の国衆、真田昌幸の次男、真田信繁を主人公とする「真田丸」である。真田丸は、大坂の陣で築かれた出城の名に由来する。また、8 月には、アニメや漫画などのコンテンツの舞台になった場所を訪れるという意味での聖地巡礼の語が普遍化するきっかけとなった映画「君の名は。」が公開された。

　2017 年は、徳川四天王の一人で彦根藩初代の井伊直政を育てた遠州井伊谷の井伊直虎を主人公とした「おんな城主直虎」が、2018 年は、薩摩藩に生まれた西郷隆盛が主人公の「西郷どん」が、大河ドラマとして放映されている。また、2019 年 7 月には、神津島で暮らしていた高校生を主人公とした映画「天気の子」が公開されている。

　続いて観光にかかわる動向や事件についてみてみる。

　2009 年は、7 月に、北海道大雪山系トムラウシ山等でのトレッキング客が遭難し、死亡者が出た。2010 年は、奈良で平城遷都 1300 年祭がおこなわれ、4 月神奈川県相模原市が政令指定都市となった。また、6 月高速道路無料化社会実験が開始された（2011 年 6 月に凍結）。11 月には、横浜市で第 18 回 **APEC 首脳会議**が開催された。

　2011 年は、1 月に霧島山・新燃岳が噴火した。3 月 11 日には、東日本大震災が起こる。8 月には、浜松市の天竜川で川下り船が転覆し死亡事故となった。また、9 月には台風 12 号により紀伊半島に土砂災害が生じた。2012 年は、古事記編纂 1300 周年、沖縄県本土復帰 40 周年、明治天皇崩御 100 周年の年である。3 月から東北観光博覧会が東北 6 県で開催された。4 月、熊本市が政令指定都市となる。5 月には電波塔としては世界一の東京スカイツリーが開業した。そして、12 月には、中央自動車道笹子トンネルで崩落事故がおこる。

　2013 年は、東京ディズニーランド開園 30 周年の年である。また、出雲大

APEC 首脳会議：アジア太平洋地域の 21 の国と地域で構成される、アジア太平洋経済協力（Asia Pacific Economic Cooperation）の首脳会議

社で60年ぶりの遷宮が行われ、伊勢神宮では、20年ごとに行われる式年遷宮が行われた。そして、6月横浜に商業施設「MARK IS みなとみらい」、9月に山口県下関市に遊園地「はい！からっと横丁」が開業した。また、7月から「瀬戸内国際芸術祭2013夏」が開催されている。2014年は、3月、高さ300mの日本一高いビルである「あべのハルカス」が大阪市に開業した。

2015年には、3月に世界文化遺産である姫路城が平成の大修理を終え、公開されている。また、5月には、箱根山に火口周辺警報が出され大涌谷周辺では立ち入りが規制された。2016年4月には、熊本県において強い地震が連続して起こり、熊本城の天守閣などの建造物が被災し破損した。同年4月京都では京都鉄道博物館が開館し、5月、三重県志摩市で先進国首脳会議（伊勢志摩サミット）が開かれた。また、7月には、木更津かんらんしゃパークKISARAPIAが開業している。そして、12月には、新潟県糸魚川市で糸魚川市大規模火災が生じ、糸魚川駅北側一帯が焼損している。

2017年は、白山開山1300年で、大政奉還150周年の年である。4月には名古屋にレゴランド・ジャパンが開業している。2018年は、10月埼玉県飯能市にムーミンバレーパーク・メッツァが開業し、奈良では300年ぶりに復興した興福寺中金堂の落慶法要が行われた。そして、2019年は、5月に兵庫県篠山市が市名を丹波篠山市に変更し、7月、京都アニメーションで放火事件があった。また、10月には、沖縄県の世界遺産、首里城が火災により焼失した。

3) 試験問題の分析

(1) 国内運賃料金

「JR運賃」については、総合旅行業務取扱管理者試験で毎年2題程度出題されているが、運賃規則にかかわる問題は、他の制度と相まって選択肢となっている場合もある。しかし、そのうち1題は、この10年間、計算式を示して適切な解答を求める問題が設定されている。国内旅行業務取扱管理者試験でも毎年出題されているが、「総合」より若干、出題率は下がる。「国内」

　の場合も、運賃規則にかかわる問題は、他の制度と相まって出題されている場合がより多い。また、計算式を示して解答を求める問題もあるが、「総合」よりは少なく、問題はより単純化されたものが多い。

　「JR 運賃」の出題の焦点となるものは、幹線と地方交通線をまたがって乗車する場合の運賃計算、本州内の旅客鉄道線と九州・四国・北海道の旅客鉄道線をまたがって乗車する場合の運賃計算であるが、この 10 年間では、2015 年を除いて、そのいずれかが出題されている。近年は、新幹線開通に伴い並行する在来線は、第 3 セクター化されることが多い。それに伴い通過連絡運輸の取り扱いが設定される場合、この運賃計算方は新たに求められる業務知識といえよう。したがって、北陸新幹線が金沢まで開通した 2015 年は、えちごトキめき鉄道を含む通過連絡運輸の運賃計算問題が出題されている。ほかにも、この 10 年間であと 3 題、通過連絡運輸の問題が出題されている。これらの出題は、もともと国鉄線として運行あるいは運行予定されていた伊勢鉄道、智頭急行を含む問題である。

　そのほか、特定都区市内制度を計算式に絡めて出題している実施年が 5 回ある。また、運賃規則からの出題が中心であるが、小児運賃、大都市近郊区間についての出題年がそれぞれ 5 回、有効日数、往復・学生割引がそれぞれ 3 回ある。

　国内旅行業務取扱管理者試験においても、出題の傾向は概ね共通しているが、この 10 年間で団体運賃に関する問題を出題している実施年が、「総合」2 年に対し「国内」では 4 年ある。また、下記の問題のように、計算過程全体を 1 つの問題として問うより、過程を分解して設問する問題や、1 問の中で複数の分野にわたって選択肢を設定する傾向が、「総合」と比べるとより強い。

　○次の行程で旅客が乗車する場合について、各設問に該当する答を、それ
　　ぞれの選択肢の中から 1 つ選びなさい。

国鉄：日本国有鉄道。1987 年、分割民営化され JR 各社となった。

（注1）松本駅では、最初の列車の乗車日当日に乗り継ぐものとする。

（注2）乗車に必要な乗車券は、乗車日当日の乗車前に、途中下車しない

　　ものとして、購入するものとする。

〈行程〉7月1日

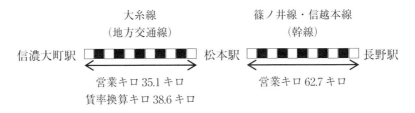

大糸線
（地方交通線）

篠ノ井線・信越本線
（幹線）

信濃大町駅　　　　　　　　松本駅　　　　　　　　長野駅

営業キロ35.1キロ
賃率換算キロ38.6キロ

営業キロ62.7キロ

①大人1人が乗車するとき、片道普通旅客運賃の計算に関する次の記述
　のうち、正しいものはどれか。

　ア．運賃は、「35.1キロ」を使用した額と、「62.7キロ」を使用した額
　　　を合計した額となる。

　イ．運賃は、「38.6キロ」を使用した額と、「62.7キロ」を使用した額
　　　を合計した額となる。

　ウ．運賃は、「35.1キロ＋62.7キロ＝97.8キロ」の計算による額とな
　　　る。

　エ．運賃は、「38.6キロ＋62.7キロ＝101.3キロ」の計算による額と
　　　なる。

②この行程における普通乗車券に関する次の記述のうち、正しいものは
　どれか。

　ア．片道乗車券の有効期間は、2日である。

　イ．片道乗車券を使用して、松本駅で当初の予定を変更し途中下車し
　　　た場合は、当該片道乗車券を使用して松本駅から先の区間を乗車
　　　することはできない。

　ウ．旅客が、信濃大町駅から長野駅間を同じ経路で往復乗車する場合
　　　において、往復乗車券を購入するときは、往路及び復路ごとの区
　　　間について、それぞれ普通旅客運賃が1割引になる。

エ．指定学校の学生又は生徒が「学生・生徒旅客運賃割引証」を提示
して、普通乗車券を購入するときは、大人普通旅客運賃が2割引
になる。
（国内 2018 年　4.(3)）

　「JR料金」の問題は、総合旅行業務取扱管理者試験においても、国内旅行
業務取扱管理者試験においても、JRの中で最も出題されているところであ
る。現在のJRの長距離列車の運行状況は、新幹線、在来線の特急列車が中
心で、したがって、料金の問題は、特急料金にかかわるものが多数を占める
が、特急列車それぞれの特性に応じて、それに応じた制度設計がなされてい
る。これらの制度は、旅客鉄道会社や当該列車の由来、旅客の利便性への考
慮など、多分に個別的事情に応じて設定されているため、個別的に把握して
いかなければ理解できない場合が多い。
　そうした中、乗継割引制度については、比較的統一した形で運用されてい
るので、この10年では、2014年の総合旅行業務取扱管理者試験以外は、「総
合」、「国内」とも毎年出題されている。もっとも、乗継割引制度においても
国鉄時代は、よりシンプルに設計されていたが、幾度かの制度改変に伴って
個別的な例外が増えてきている。
　乗継割引の問題は、計算式を示して適切な解答を求める問題もあるが、「総
合」、「国内」とも以下の形態の問題は、ほぼ毎年出題されている。

○以下の列車を同日中に乗り継ぐ場合、下線を付した列車に乗継割引が適
　用されるものをすべて選びなさい。

　　　　　新幹線「はやぶさ号」　　　　　　特急「つがる号」
a. 東京————————————新青森————————————大館

　　　　新幹線「はくたか号」　普通列車　　特急「しらゆき号」
b. 金沢————————上越妙高 ┼┼┼┼┼┼┼ 直江津————————新潟

　　　　新幹線「さくら号」　　　　　特急「はるか号」
c. 熊本————————————新大阪————————————関西空港

　　　　新幹線「みずほ号」　　　　　　　特急「指宿のたまて箱号」

d. 新大阪――――――――――鹿児島中央――――――――――指宿

（総合 2018 年　問 31）

　特急料金は、新幹線においては通常の特急料金とは別に、より所要時間の短い「のぞみ」「みずほ」「はやぶさ」「こまち」に乗車する場合、より高額の料金が設定されている。総合旅行業務取扱管理者試験における、特急料金の問題としては、これらの列車とそれ以外の列車を新幹線の改札口を出ないで乗り継ぐ場合の計算を求める出題が、この 10 年で 5 回程度出題されている。新幹線の改札口を出ないで乗り継ぐ場合、料金が通算できることが原則であるが、在来線においても改札口を出ないで乗り継ぐ場合に料金を通算できる場合もあり、その適用についての出題もある。そのほか、制度上は在来線であるが、新幹線と軌間を共通させ、新幹線と直通できるいわゆるミニ新幹線とよばれ、それゆえ特急料金も独自の制度を有する山形新幹線、秋田新幹線もこの 10 年で 4 回出題されている。なお、特急料金は、繁忙期・閑散期において料金が加減され、また、自由席や特別車両を使用する場合には低減される。これらの特急料金の問題は、このような基礎的な知識を問うことも加えた形で出題されることが多い。

　新たに開通した新幹線については、開業した年に総合旅行業務取扱管理者試験において、いずれも問題の題材として出題されている。九州新幹線は、2011 年に山陽新幹線と直通した。東海道新幹線と九州新幹線を合わせて乗車する場合と、山陽新幹線と九州新幹線の相互間での乗車の場合には、特急料金の算出方法が異なるなどの独自の規定があるが、2011 年以降 5 回出題されている。北海道新幹線も開業年の 2016 年に出題されている。この時同時にJR 北海道の在来線特急料金の繁忙期・閑散期がなくなったが、この年の出題では通常期で出されている。しかし、2018 年の問題では、乗継割引の問題に絡めて繁忙期がなくなったことの知識を把握しているか、の出題がされている。

　特別車両料金の問題としては、2016 年の北海道新幹線の問題で、グランク

ラスの出題がされている。前年開業の北陸新幹線も 2015 年に出題されているが、この問題もグランクラスが出題されている。2011 年東北新幹線が新青森まで開業した時にグランクラスは登場したが、2011 年以降、6 回のグランクラスにかかわる問題が出題されている。グランクラスの認知の拡大と普及を推進する意図が感じられる。

　国内旅行業務取扱管理者試験の料金の問題も、およその作問傾向は総合旅行業務取扱管理者試験と共通する。乗継割引の適用を問う問題のほか、新幹線内における乗継や乗継割引を含めた料金計算について計算式を示して適切な選択肢を選ぶ問題など「総合」と共通する。ただ、旅行環境の変化に伴い新たに発生した事象を取り込む問題は「総合」と比べると少ない。例えば、特別車両料金にかかわる問題もあるが、グリーン車が多く、グランクラスの料金計算にかかわる出題はひとつもない。また、「総合」の問題では、新たな新幹線が開通すると、それ以降その新幹線を含めた出題がなされているが、「国内」では少ない。2011 年に九州新幹線の問題は出題されているが、乗継割引適用可否の選択肢を除いて、それ以降に九州新幹線の出題はない。他の新設新幹線も同様に出題は少なく、2017 年と 2019 年に北陸新幹線の 2015 年新設区間が取り上げられているくらいである。

　JR で運賃・料金以外の問題としては、払い戻しが中心である。総合旅行業務取扱管理者試験では、この 10 年間毎回出題されているが、うち 9 回は示された券面をもとに、払い戻し額を求める計算式として適切な選択肢を選ぶ問題である。これらの問題は、乗車券を含めて一葉として発券された券面の場合もあるが、基本は同時に発売した指定席特別車両券と指定席特急券を払い戻す際に指定席特急券の手数料が収受されないことを理解しているか、を問う問題である。指定席特別車両券が寝台券になる実施年もあるが、ここでも、グランクラスの券面が 3 回出題されている、このほか、総合旅行業務取扱管理者試験では、時刻表の読みとりが毎年出題されている。

　国内旅行業務取扱管理者試験においても、払い戻しの問題は、JR の他の規則との複合問題を含めて、この 10 年では、2011 年、2012 年以外で 8 回出題されている。うち 7 回は券面を示した出題であるが、計算式を示して適切な

選択をさせる出題は2回である。また、同時に発売した特別車両券・寝台券と特急券を払い戻す問題が出題される実施年もあるが、「総合」のようにこれが基本ではなく、特急券・乗車券、あるいはその一方の払い戻しを問う実施年もある。また、グランクラスの出題もない。

　以上のことから、JR運賃・料金の問題は、総合旅行業務取扱管理者試験では、日常的に頻出する取り扱いに加えて顧客の特別なリクエストや質問にも対応できる能力も試しているように思える。これは、現状では、多くの運賃・料金の計算は自動計算が可能であるが、その結果の計算過程の説明を求められたときに説明することも、旅行業務取扱管理者としての旅行業法上の職務であるからである。時刻表の読みとりが毎年出題されていることについても、自動計算では対応できない**サービスエンカウンター**での旅行業務取扱管理者の存在意義を試していると考えられる。一方、国内旅行業務取扱管理者試験では、よりオーソドックスな問題が出題されている。これは、比較的小規模な旅行業者が多いと思える国内のみの旅行業務を取り扱う旅行業者においては、日常業務における基本的な知識の徹底が望まれているのではないか、と考える。

　問題事例として、総合旅行業務取扱管理者試験では、個別の例に対応できる能力を試していると考えられるため、グランクラスが頻出されるなどの傾向がみられるが、これは、グランクラスを振興する方針が反映されたものと思える。ただ、「総合」も「国内」も時折、寝台料金の問題がみられる。2020年の現状では、定期列車としては「サンライズ瀬戸・出雲」しかなく、個別の例に対応する能力を試すとしても、今後は、より普遍性を認めにくい出題となっていくと考える。

　国内航空にかかる問題は、毎年、総合旅行業務取扱管理者試験においては、2・3題、国内旅行業務取扱管理者試験においては、概ね2題出題されている。

　総合旅行業務取扱管理者試験での出題は、運賃・料金制度にかかわる問題

サービスエンカウンター：顧客とサービス提供者が出会う点

と取り消し、払い戻しにかかる問題からなる。この 10 年間、毎年 e チケットお客さま控の例を示した出題がなされ、うち 8 年は、取り消し、払い戻しの際の計算式を示して、適切な解答を選択する形態がとられている。一方、国内旅行業務取扱管理者試験における出題も、概ね、運賃・料金制度にかかわる問題と取り消し、払い戻しにかかる問題からなるが、この 10 年間では、計算式を示して解答を求める問題はなく、e チケットお客さま控の例を示した出題も 2 年であったのみである。このことから、「国内」では、より制度の理解、「総合」では対個人客に向け、より実践的な対応を可能にする能力を求めているのではないか、と考えられる。

　宿泊にかかる問題は、総合旅行業務取扱管理者試験では、2016 年以前は出題されておらず、2017 年以降毎年出題されている。この 3 年は、以下のように基本宿泊料を示したうえで、大人、子供を含むサービス料・税金を含めた総額を求める適切な計算式を選択させる同様の形態で出題されている。

○大人 1 人の基本宿泊料が 1 泊 2 食 20,000 円（サービス料別・税金別）の鬼
　怒川温泉の温泉旅館に、大人 2 人と 7 歳の子供 1 人で 1 泊する場合、宿
　泊客が支払うべき宿泊料金等の総額で正しいものは次のうちどれか。
　　※モデル宿泊約款により算出するものとする。
　　※子供は「子供用食事と寝具」を提供するものとする。
　　※サービス料は 10 ％とする。
　　※消費税は 8 ％とする。
　　※入湯税は 1 人 150 円（12 歳未満は免除）とする。
　　※追加料金は発生しないものとする。

【選択肢略】（総合 2019 年　問 23）

　国内旅行業務取扱管理者試験での宿泊の問題はこの 10 年間、毎年出題さ

---

e チケットお客さま控：e チケットとは、電子航空券のことで、紙の航空券に代わるもの。e チケット自体はコンピュータ上に電磁的に記録されているが、その内容を控えとして取り出し顧客が所持できる記録が e チケットお客さま控。

れている。だが、宿泊料金の計算にかかる問題はあるが、その方法につき選
択肢の中で問う形で、計算式を選択させるものはない。しかし、違約金につ
いての出題もなされており、出題をしている範囲は、総合旅行業務取扱管理
者試験より広いといえる。国内航空の場合と同様、「総合」では、個人客への
実践的な対応を指向し、「国内」では宿泊料金制度についてのより広い理解を
求めているとみえる。

　貸切バスについての問題も、総合旅行業務取扱管理者試験では、2016 年以
前は出題されておらず、2017 年以降毎年出題されている。この 3 年は、時
間・キロ併用制運賃における貸切バス運賃の合計額を求める問題が連続して
出題されている。国内旅行業務取扱管理者試験では、2012 年を除いて毎年出
題されている。ここでは、運賃のみならず料金や違約料からも出題されてい
る。「総合」で、貸切バスの問題が、2017 年以降出題されているのは、貸切
バスの運賃・料金制度が改正され、貸切バスへの監督の強化されたことが影
響していると考えられる。国内旅行については、特に、国内旅行業務取扱管
理者が求められる海外旅行を取り扱わない旅行業者において、より貸切バス
に依存する傾向が強いとみえるため、国内旅行業務取扱管理者試験では、総
合旅行業務取扱管理者試験より貸切バスに関する知識が求められることは首
肯できる。しかし、総合旅行業務取扱管理者が管理・監督する営業所におい
ても貸切バスを取り扱わないことはないため、貸切バスの取り扱いに関し、
より留意することが求められる施策が講じられれば、政策的に貸切バスにつ
いての出題がなされるのは当然であるといえる。

　フェリーについての問題は、総合旅行業務取扱管理者試験では、2017 年以
前は出題されておらず 2018、2019 年と出題されている。国内旅行業務取扱
管理者試験では、2012 年と 2016 年を除いて毎年出題されている。「国内」で
は、国内運送機関のより幅広い知識が必要であるため定期的に出題されてき
たと思えるが、「総合」では、2018 年になって出題されだしたのは、すべて
の旅行業者等において国内旅行業務全般の知見を持つ必要があるという原則
を示した現れと捉えることができる。

(2) 国内地理

　「国内地理」の出題対象は、先に示した通り、地域的属性については、国内
旅行業務取扱管理者試験ではやや本州域に比重があるものの、基本的に全国
から均等に出題されている。性格的種別は、総合旅行業務取扱管理者試験で
は、人文観光資源からの出題に比重はあるが、観光対象全般から出題されて
いるといってよい。

　その上で、この10年の出題から問題でよく取り上げられる観光資源をみ
てみる。問題で取り上げられるというのは、正誤を問わず解答の選択肢で示
されている観光資源、問題文中で示されている観光資源を対象とする。ここ
では、取り上げられた数について示すが、これは数え方により変わってくる。
一つの地域がひとつの観光資源となっていて、そして、その中にいくつかの
観光資源がある場合は、それぞれ別に数える。しかし、単に表記の違いであ
る場合は、同一の観光資源として数える。また、同一の問題において同一名
称で複数回出てくる場合は一つと数えている。

　この前提で、総合旅行業務取扱管理者試験でよく出題されるのは、世界文
化遺産「古都奈良の文化財」に含まれる「興福寺」で5回出題されている。
このほか、世界文化遺産では、「琉球王国のグスク及び関連遺産群」に含まれ
る「園比屋武御嶽石門」「玉陵」「首里城」が4回出題されている。また、「平
泉－仏国土（浄土）を表す建築・庭園及び考古学的遺跡群」に含まれる「中
尊寺」も世界文化遺産に記載された2011年を含めて4回出題されている。こ
のほか、4回出題されているのは、函館近郊の「湯の川温泉」「五稜郭」、東
北地方では、「浄土ヶ浜」「立石寺」、日本三景の一つ「天橋立」、倉敷の「大
原美術館」、河原にある露天風呂で知られる「三朝温泉」、日本三奇橋といわ
れる「錦帯橋」、日本最古の芝居小屋である琴平町の「金丸座」、月の名所
「桂浜」である。なお、世界文化遺産「日光の社寺」は、その対象である2社
1寺を合わせると10年間で4回出題されている。

　一方、国内旅行業務取扱管理者試験では、世界自然遺産の「屋久島」、そし
て、「羊蹄山」「松本城」「東尋坊」「城崎温泉」が5回出題されている。また、
世界自然遺産「小笠原」のほか、「昭和新山」「芦ノ牧温泉」「袋田の滝」「偕

楽園」「長瀞」「上高地」「馬籠」「下呂温泉」「犬山城」「出雲大社」「後楽園」「与論島」が4回出題されている。なお、「日光」は、2社1寺で6回出題されている。

　先に世界遺産について直接に示した問題は、「総合」、「国内」とも1割程度あることを記したが、この10年間で日本に属する物件が世界遺産に記載された年は、8回ある。総合旅行業務取扱管理者試験では、このうち5回は当該世界遺産にかかる出題が記載年にされている。2019年までの出題で、2017年記載の「「神宿る島」宗像・沖ノ島と関連遺産群」と2019年記載の「百舌鳥・古市古墳群」の出題はされていないが、2014年記載の「富岡製糸場と絹産業遺産群」は、記載年の翌年2015年に出題されている。なお、国内旅行業務取扱管理者試験でも世界遺産にかかる問題は頻出されているが、記載された年には当該世界遺産は出題されていない。これは、試験の実施が、「総合」より約1か月早く、新規世界遺産の記載の決定と作問との時間的関係と考えられるが、記載年の翌年での出題も2015年記載の「明治日本の産業革命遺産」と2018年記載の「長崎と天草地方の潜伏キリシタン関連遺産」のみである。なお、2017年記載の「「神宿る島」宗像・沖ノ島と関連遺産群」は2019年に出題されている。また、国内旅行業務取扱管理者試験では、2011年に世界農業遺産に認定された「能登の里山里海」が、2016年に出題されている。

　新たな国立公園については、「総合」、「国内」とも何らかの形ですべて出題されている。総合旅行業務取扱管理者試験では、2016年9月に指定されたやんばる国立公園にかかわる問題が、2017年の出題であるほかは、阿寒摩周国立公園を除いて指定、改称の当該年に出題されている。なお、2012年指定の屋久島国立公園についての当該年の出題は、分離元の霧島屋久国立公園から改称された霧島錦江湾国立公園についての問題である。国内旅行業務取扱管理者試験においても、慶良間諸島国立公園、妙高戸隠連山国立公園、奄美群島国立公園のような3月に指定された国立公園については、当該年に出題されている。また、三陸復興国立公園、やんばる国立公園、阿寒摩周国立公園にかかる問題は、指定・改称された年の翌年に出題されている。なお、屋久

島国立公園については、屋久島国立公園にかかわる問題としてではなく、霧島錦江湾国立公園について 2014 年に出題された。

　大河ドラマについては、問題文中に大河ドラマの語を示して出題されている問題としては、総合旅行業務取扱管理者試験の 2013 年の会津若松にかかる問題、2016 年の上田城にかかる問題がある。そのほか、2017 年の井伊家発祥の地についての問題、2018 年の奄美大島にかかる問題は、明らかに大河ドラマを前提に作問されていると考えられる。NHK 連続テレビ小説にかかわると思える出題は、2012 年の水木しげるロード、2015 年の水木しげる記念館及び余市町についての問題が考えられる。時事的な問題として、2010 年に平城遷都 1300 年にかかる問題、2012 年に前年の震災で罹災した三陸鉄道にかかる問題、2013 年に新空港が開港した石垣島に関する問題、2014 年に 2012 年開業の東京スカイツリーと 2007 年からミシュラン三つ星に選ばれている高尾山の問題、2015 年には、当年、開創 1200 年の高野山の問題と国宝に指定された松江城の問題、2016 年には、当年開催された G7 伊勢志摩サミットの問題、2017 年には、当年開業のレゴランド・ジャパンについての問題、2019 年には、当年開業のムーミンバレーパークにかかわる問題が出題された。

　なお、国内旅行業務取扱管理者試験においては、2015 年にモデルコースの中で余市にかかわる問題などはあるが、この 10 年、大河ドラマや NHK 連続テレビ小説を直接示して出題された問題はない。一方、時事的な問題は出題されている。2011 年の高尾山についての問題、2012 年の東京スカイツリーについての問題、2016 年の伊勢志摩サミットにかかわる問題、2019 年のムーミンバレーパークの問題は「総合」においても出された対象である。その他、2014 年には 2009 年に公開された映画「ゼロの焦点」について題名を示して出題した問題、2015 年には数えで 7 年に一度行われる善光寺の御開帳にかかる問題、2016 年には、新規開業の北海道新幹線、新函館北斗駅からのモデルコースについての問題も出題されている。

　以上をみると、総合旅行業務取扱管理者試験では、新たな世界遺産の記載、国立公園の指定など新たな旅行素材となる対象はその直後に出題され、大河

ドラマや NHK 連続テレビ小説や新規開業などの旬の情報を含めて観光事象の変動に対し敏捷に反応できる感性も試しているものといえる。一方、国内旅行業務取扱管理者試験では、新たな観光対象についての問題も出題されるが、必ずしも直後に出題されるのではなく、それに即応するというよりも、オーソドックスになった観光資源の確実な把握に重点を置いているようにみえる。国内旅行業務取扱管理者試験における国内観光資源の出題は、料理や祭については、「総合」より多く出題されている。また、焼物や記念館など対象は幅広くなる。料理についていえば、「国内」だけでは「のっぺい汁」が正解の選択肢とはならないものの 3 回で最も多いが、「総合」を合わせると、「ほうとう」「皿鉢料理」「朴葉みそ」が 4 回でもっとも多くなる。また、祭では、「国内」だけでは「秩父夜祭」と「三社祭」が 3 回で最も多いが、「総合」を合わせると、「祇園祭」が 5 回でもっとも多くなる。

　出題地域をみると「総合」では、各地域均等に出題されていることは先に示した。沖縄を一つの地域として比較しても他の地域と遜色はない。一方、「国内」では、沖縄の出題は相対的に小さくなる。それに対して、上記のように、「秩父夜祭」「三社祭」がそれぞれ 3 回、「長瀞」が 4 回出現（「長瀞」は「総合」でも 3 回ある）しているなど、東京近郊の観光資源の出題も目に付く。これは、試験合格者の業務対象が、日帰り旅行も含まれることが相対的に多いことに配慮した出題傾向であるとも考えられる。

　問題をみると、総合旅行業務取扱管理者試験では、2018 年、2019 年に写真を用いた問題や行程表を用いた問題の出題のように新たな角度での、すなわち、想定されない形の出題で、真の業務知識を持っているか、を試す試みがなされていることがうかがえる。もっとも、国内旅行業務取扱管理者試験では、下記のような行程表を用いた問題はこの 10 年間毎年出題されている。

○以下の各設問の行程について、前後に最も近い観光地を、選択肢の中からそれぞれ 1 つ選んで□□□□□を埋め、モデルコースを完成させなさい。
(1) 高松空港──□□□□□──金刀比羅宮──瀬戸大橋──岡山駅
　　ア.三渓園　　　イ.水前寺成趣園　　　ウ.毛利氏庭園　　　エ.栗林公園

(2) 南紀白浜空港—アドベンチャーワールド—□□□□□—熊野那智大社
　　　—紀伊勝浦駅

　　　　ア. 石廊崎　　　　イ. 潮岬　　　　ウ. 大王崎　　　　エ. 室戸岬

(3) 郡山駅——猪苗代湖——鶴ヶ城——□□□□□——芦ノ牧温泉（泊）

　　　　ア. 吾妻峡　　　　イ. 庄川峡　　　　ウ. 塔のへつり　　　　エ. 長瀞

【以下略】（国内 2019 年　9.)

　2000 年代のはじまりは、いわゆる平成の大合併といわれる市町村合併が多
く行われた。これにより、合併される市町村はその市町村名がなくなり合併
した近隣の市町村名になったり、合併後は従前のどの市町村名を用いること
もなく新たな市町村名になったりする例が頻発した。したがって、観光資源
の属する市町村を問われると、従来の市町村名は把握していたり、その位置
はわかっているのであるが、どこの市町村と合併し、合併後の何という市町
村名になったかを把握していないと解答に窮する場合がある。以下では、こ
の点について検討を要する問題を示す。

○中部地方の観光地等に関する次の記述のうち、誤っているものはどれか。

　a. 石川県金沢市には、日本三名園のひとつ兼六園や、前田利家を祀った
　　尾山神社などがある。

　b. 福井県と長野県を結ぶ立山黒部アルペンルートは、北アルプスを貫き、
　　ケーブルカー、ロープウェイ、トロリーバスなどを乗り継ぐ山岳観光
　　ルートとなっている。

　c. 長野県最大の諏訪湖は、真冬に湖面の氷が盛り上がる御神渡という現
　　象が起こることで知られる。

　d. 岐阜県の馬籠宿は木曽 11 宿のひとつで、文豪島崎藤村の出生地とし
　　ても知られる。

（総合 2012 年　問 4）

○次の記述のうち、誤っているものはどれか。

　a. 山形市にある山寺（立石寺）では、50 年に一度の御本尊薬師如来の御

開帳が行われている。

b. 広島市にある千光寺では、33 年に一度の御本尊千手観世音菩薩の御開帳が行われている。

c. 出雲市にある出雲大社では、60 年に一度の御遷宮で本年 5 月に本殿遷座祭が行われ、平成の大遷宮の奉祝行事が行われている。

d. 伊勢市にある伊勢神宮では、20 年に一度の式年遷宮が行われている。

（総合 2013 年 問 3）

○中部地方の観光地等に関する次の記述のうち、誤っているものを一つ選びなさい。

a. 新潟県村上市には、鮭の遡上する三面川や日本海に沈む夕日を眺めることができる瀬波温泉がある。

b. 福井県越前市には、日本海に断崖、絶壁が約 1km に渡り続く国の名勝・天然記念物に指定された東尋坊がある。

c. 長野県松本市には、国宝・松本城や国の重要文化財の旧開智学校などの歴史的な見どころもある。

d. 岐阜県高山市には、伝統的な工芸品として飛騨春慶塗などがあり、江戸時代の古い町並みが保存されている。

（総合 2014 年 問 26）

　上記の問題の一番上の問題（総合 2012 年 問 4）は、b.の立山黒部アルペンルートの起終点は国内旅行実務としては基礎的な事項といえるため、福井県としているところは明らかに誤りなので解答可能であるが、d.の馬籠宿はそもそも長野県山口村に属していた。しかし、2005 年に岐阜県中津川市と越県合併し岐阜に属することになった。これは、当時広く報道されていたため時事知識として知っておくことも求められているとも考えられるが、馬籠→木曽→長野県との連想であれば d.も誤りではないか、との判断は起こりうる。

　まん中の問題（総合 2013 年 問 3）も千光寺は尾道市にあり、このことは国内旅行実務上特異な知識とはいえないので、この点においては取り立てて難問とはいえない。また、千光寺は平成の合併の影響を受ける位置にあるわけ

ではないので、この問題も消去法で解答可能といえる。しかし、出雲大社は
そもそも大社町に所在していたところ2005年の合併で出雲市に属すること
になった。この問題は、従来大社町にあることを知っていたうえで、合併の
情報を持っていないと出雲大社＝出雲市でひっかけようした問題と考える余
地も出てくる。また、千光寺は2013年に御開帳が行われているが、問題全
体をみると、そもそも誤りは、所属市名にあるのか、御開帳などの記述にあ
るのか判断がつきにくいこともあり、そういう観点を含めてみると千光寺が
尾道市にあることを確信していない限り、なかなかの難問である。

　最後に、一番下の問題（総合2014年　問26）をみる。この問題の選択肢に
は、所属市名を除いて誤りはない。ここに記された観光資源はすべて当該県
にある。しかし、東尋坊は越前市ではなく、坂井市にある。坂井市は、2006
年に合併して市制が施行された市で、東尋坊は、それ以前は三国町に属して
いた。一方、越前市も2005年に武生市と今立町が合併して越前市となった
ものである。福井県には、越前市と別に越前町も現存し、また、福井県嶺北
地方は旧国名から全般に越前と称するため、外部からは福井県嶺北地方であ
ればどこでも越前市と名乗っても不思議に感じられず、合併した越前市の区
域を明確に認識することは困難といえる。試験の旅行業務に関する実務処理
の能力を問う趣旨、すなわち、位置を含めて観光資源そのものについての知
識を問うことと考えれば、合併の影響を受けた行政区分についての知識の存
否のみをよすがとするこの問題は、趣旨に合致していない問題と考えられる。

4. 海外旅行実務

1）試験範囲

　総合旅行業務取扱管理者試験における「海外旅行実務」の試験範囲は、旅行業法施行規則では、6 分野が定められているが、現在実施されている総合旅行業務取扱管理者試験では、40 点のユニット 5 つの 200 点満点で構成されている。したがって、ここでは、5 つのユニットとして「国際航空運賃」、「出入国法令」、「海外地理」、「語学」、「一般実務」とに分けて述べることとし、「出入国実務」にかかる内容は、「出入国法令」及び「一般実務」と合わせて論ずることとする。

　「国際航空運賃」は、旅行業法施行規則では、「本邦外の運送機関の利用料金その他の本邦外の旅行を取り扱う旅行業務に関連する料金に関する知識」とされているので、試験対象としては、航空運賃以外も対象になる。特に、鉄道などはそれぞれに運賃制度があるだろうが、海外の航空運賃以外の運賃・料金は、あまりに対象が広く、また、それを知ったところで、日本での旅行業務における効果も大きいものとは考えられない。したがって、これまでも出題はされておらず、今後も出題は、考えられないと思える。しかし、近年の「国際航空運賃」の出題もタリフの読みとりが主流となっており、資料を基にそれを読み取る能力を求める問題であれば、それ以外の運賃も作問できなくもない。

　「出入国法令」は、旅行業法施行規則では、「旅券の申請手続、通関手続、検疫手続、為替管理その他の本邦外の旅行を取り扱う旅行業務に必要な法令に関する知識」なので、例示された、すなわち、旅券法、関税法、関税定率法、検疫法、植物防疫法、家畜伝染病予防法、外国為替及び外国貿易法以外もその他として出題対象となる。例えば、出入国管理及び難民認定法は、再入国の許可にかかわり、この 10 年毎年出題されている。

　「海外地理」は、旅行業法施行規則では、「主要国の観光に関する知識」とされ、観光資源に関して、歴史、文化、宗教等あらゆるものが対象になる。広範囲ではあるが、海外旅行商品の企画・販売においてそのシーズとなるものと捉えれば範囲は明瞭であるといえる。

　「語学」は、旅行業法施行規則では、「本邦外の旅行を取り扱う旅行業務に必要な語学に関する能力」である。「語学」であるゆえ、旅行業務の取り扱いに必要であれば、英語以外も対象になるが、これまでのところ英語以外の出題はない。「海外地理」、「語学」は、1995年の旅行業法改正前は、「海外地理」は、「主要国についての政治、文化及び地理に関する知識」、「語学」は「本邦内の旅行以外の旅行を取り扱う旅行業務に必要な語学に関する能力」となっていた。「語学」は、多少表現が変わっただけであるが、改正により試験の性格が変わった部分もあり、これらの科目については、その趣旨から出題の対象が変化することが、むしろ妥当といえる。すなわち、1995年の改正前は、一般旅行業務取扱主任者（現・総合旅行業務取扱管理者）試験に合格することで、旅程管理研修の修了がなくても、旅程管理業務を行う主任の者となる資格を得られた。したがって、「海外地理」、「語学」の問題においても、海外添乗に必要な能力を試す出題も理由があったが、改正以降は、本試験の合格をもっては、旅程管理業務を行う主任の者となる資格とならなくなったため、出題において、海外現地で必要な能力を試す必要はなく、海外旅行商品の企画・販売にかかる範囲で当該分野の能力が試されることになる。

　「一般実務」は、旅行業法施行規則では、「その他本邦外の旅行を取り扱う旅行業務に関する実務処理の能力」であるため、海外旅行に関すれば、あらゆる出題ができる。査証に関する知識は「出入国実務」の内容といえるが、「一般実務」の範囲で出題されている。海外旅行事情の変化により、実務を処理するに当たって、新たに必要とされる対象が生じることがある。この知識について、他の分野で定義された範囲を根拠に出題できない場合は、この科目で出題されるといっていいだろう。

2) 出題科目の背景

　「海外旅行実務」科目における各出題分野は、海外旅行にかかわる実務という点で共通するだけで、それぞれの分野の内容は異なり、それぞれの分野の試験に関係する事象も異なってくるのであるが、直接的には関連しなくても、出題の背景として影響を及ぼしていることも考えられるので、ここでは「国内旅行実務」の場合と同様、背景の整理は、「海外旅行実務」全般をあわせて述べる。

　海外旅行実務においては、この10年間で航空環境の大きな変化がみられる。2000年代に入り世界で台頭してきたLCC（Low-cost carrier）が、2010年代になると日本発の国際線においても相当なシェアーを占めてきた。LCCは、文字通り低運賃が売り物なので、従来からのIATAの運賃制度になじまないところがある。

　従来、海外旅行実務において国際線航空券の取り扱いは、現実の運用には、実際的な取引がされているのであろうが、そのベースには、IATA運賃がある。2008年以前の日本発国際航空運賃については、原則としてPEX運賃はIATA・PEX運賃の下方70％までの中で運賃を設定でき、IT運賃については、IATA・IT運賃を上限として設定できることとなっていた。しかし、2008年4月より、PEX運賃の下限が撤廃された。この時点で、すでに、キャリア運賃が主流であるのだが、しかし、IATA運賃は、IATAフレックス運賃

IATA運賃：IATAとは、International Air Transport Association のことで世界の航空会社
　　　が加盟する。そのIATAの運賃調整会議で決められる共通の運賃で、各航空会社で
　　　適用できる。
IATA・PEX運賃：PEX運賃とは、Purchase Excursion Fare のことで、個人向けの回
　　　遊旅行のための特別運賃で、普通運賃に比べ適用の制限がある。PEX運賃は、各航
　　　空会社で定められているが、IATA・PEX運賃は、航空会社共通の運賃。
IATA・IT運賃：IT運賃とは、Inclusive Tour Fare のことで、包括旅行、すなわち
　　　パッケージツアーや受注型企画旅行などのために旅行業者に向けた商品造成用の特
　　　別運賃である。IATA・IT運賃は、その航空会社共通の運賃。

として存続している。だが、IATA 運賃の利用者は減少し、その意義は失わ
れてきたため、IATA 運賃は、2018 年 10 月に廃止された。そして、運賃計算
の規則である CTM チェックもこの時廃止された。

　旅券は、所持人の国籍国が発給し、その国籍を証明し関係諸官に保護・扶
助を与えるよう要請するものであるが、その発給、効力等必要な事項につい
ては、旅券法で定める。2006 年まで、旅券法では、再発給制度が規定されて
いたが、旅券法の改正により旅券が紛失等した場合でも、新たな申請をする
こととなった。また、この年から日本旅券においても **IC 旅券**が導入されて
いる。さらに、2014 年施行の改正により記載事項の訂正の制度も廃止され
た。それに伴い、旅券法第 5 条に第 4 項・第 5 項が加えられ、従前の旅券の
残存有効期間と有効期間を同一とする旅券の発給についての記載事項変更旅
券の規定が定められた。なお、旅券法第 16 条に基づき、「旅券の名義人が外
国に住所又は居所を定めて 3 か月以上滞在しようとするとき在留届を提出し
なければならない」となっているが、3 か月未満の短期渡航者に対しても、任
意の外務省海外旅行登録「たびレジ」が 2014 年 7 月より開始された。なお、
旅券発給申請の際には、旅券の発給申請者が人違いでないこと等を確認する
書類の提示または提出が求められるが、2012 年 4 月以降に交付された運転経
歴証明書が、運転免許証に代わる公的な本人確認書類として、利用すること
ができるようになったため、同年 5 月に、旅券法施行規則の改正が施行され、
当該書類として交付年月日が平成 24 年 4 月 1 日以降の運転経歴証明書が加
えられた。

　日本の出入国管理及び難民認定法では、すべての人の日本の出入国につい
て定めている。海外旅行実務にかかわるところでは、2012 年 7 月施行の改正
で、外国人登録制度が廃止され、中長期在留者に対し在留カードが交付され
ることとなった。同時に、「みなし再入国許可」の制度が導入され、有効な旅
券及び在留カードを所持する外国人が 1 年以内に再入国する場合は、原則と

キャリア運賃：ここでのキャリアとは、航空会社のこと。キャリア運賃は、当該航空会
　　社の設定する運賃。
IC 旅券：旅券に非接触 IC（integrated circuit 集積回路）チップを組み込んだ旅券。

して再入国許可を受ける必要がなくなった。この場合、出国する際に在留カードを提示し、再入国出国用 ED カードの「みなし再入国許可」による出国の意図表明欄にチェックすることになる。

　このほか、2006 年 5 月公布の改正で出入国管理の円滑化のため出入国手続きにおいて自動化ゲートの導入を規定しているが、2007 年 11 月の改正法施行に伴って、成田空港で自動化ゲートの運用を開始している。また、2015 年 1 月施行の改正では、法務大臣が指定するクルーズ船の外国人乗客を対象として、簡易な手続きで上陸を認める特例上陸許可制度が導入されている。なお、これらの、出入国管理行政を行うための機構は、法務省の入国管理局であったが、2019 年 4 月に、法務省の外局としての「出入国在留管理庁」となっている。

　出入国手続きでは、国内に病原体が侵入することを防止するため検疫が行われる。従来より、国内に常在しない感染症の病原体が船舶または航空機を介して国内に侵入することを防止することを目的として検疫法が施行されており、コレラ、ペスト、痘そう、黄熱を検疫伝染病としていた。1999 年より感染症の予防及び感染症の患者に対する医療に関する法律（感染症法）が施行され、同法で定める一類感染症と政令で定めるものを検疫感染症としている。2009 年には新型インフルエンザが流行したが、それを受けて、感染症法に規定する新型インフルエンザ等感染症を検疫感染症に加える改正法が、2010 年 5 月に施行された。なお、コレラ、黄熱は、2006 年 6 月改正施行の検疫法施行令により検疫感染症から削除されている。

　そのほか、出入国関係では、船舶または航空会社を特別徴収義務者とする国際観光旅客税が、2019 年 1 月より導入された。また、入国時の成人 1 人当たりのたばこの免税の範囲が、2018 年 10 月より、居住者と非居住者、日本製、外国製の区別がなくなり、「紙巻たばこ」のみの場合であれば、400 本となった。

　また、海外の出入国関係事項としては、日本は、1980 年にオーストラリアとの間でワーキング・ホリデー制度を開始したが、その後、その相手国・地域は増加している。2020 年 4 月時点では、26 か国・地域となるが、2009 年

以降は、台湾（2009年）、香港（2010年）、ノルウェー（2013年）、ポルトガル、ポーランド（2015年）、スロバキア、オーストリア（2016年）、ハンガリー、スペイン、アルゼンチン（2017年）、チリ、アイスランド、チェコ（2018年）、リトアニア（2019年）スウェーデン、エストニア、オランダ（2020年）との間で導入された。

　アメリカ合衆国への渡航は、査証は免除されているが、2009年1月以降、電子渡航認証システム（Electronic System for Travel Authorization: ESTA）により、航空機や船に搭乗する前にオンラインで渡航認証を受けることが義務化されている。また、カナダにおいても、同様の電子渡航認証「eTA」（Electronic Travel Authorization）が、2016年3月以降必要となった。

　なお、インドネシアでは、従来、到着査証が必要であったが、観光査証の免除が2015年6月より実施されている。また、インドにおいては、2017年4月より到着査証プログラムが実施され、事前の査証取得が必ずしも必要ではなくなった。

　次に、2009年後半以降の観光資源にかかわる状況をみる。

　2009年7月には、主要国首脳会議が4月に地震のあったイタリアのラクイラで実施された。また、台湾の高雄では、オリンピックに採用されていない競技を4年に1回行う競技大会であるワールドゲームズが行われた。なお、10月にコペンハーゲンで開催されたIOC総会で、2016年夏季オリンピックの開催都市がリオデジャネイロに決まった。なお、11月には、釜山の国際市場にある射撃場で火災があり、日本人観光客を含めて死者が出ている。

　2010年1月、ドバイに828mの世界一の超高層ビル、ブルジュ・ハリファが開業した。2月には、バンクーバーで冬季オリンピックが開催されている。なお、5月から10月まで上海国際博覧会が開催された。6月には、サッカーFIFAワールドカップ南アフリカ大会が開幕し、開会式、決勝戦の行われたヨハネスブルグを含めた9都市で開催された。主要国首脳会議は、6月にG8が

ワーキング・ホリデー制度：二国間の協定等により、それぞれの相互理解を深めるため青少年に対し、休暇目的で入国中に付随的な就労を認める査証を発給する制度。

IOC ： International Olympic Committee　国際オリンピック委員会

カナダのオンタリオ州ムスコカで、G20 が続いてトロントで行われた。また、11 月には、中国、広州でアジア大会が、11 月から翌年 4 月まで台北国際花の博覧会が開催されている。

　この年は、アイスランドのエイヤフィヤトラヨークトル火山が噴火し、ヨーロッパにおいてしばらくの間、多くの航空便が欠航した。また、200 周年に当たるオクトーバーフェストは、ミュンヘンで 10 月まで開催されている。

　2011 年は、冬季アジア大会が、カザフスタンのアスタナとアルマトイで開催されている。6 月から 7 月にかけてドイツでサッカー FIFA 女子ワールドカップが開催された。ベルリンで開幕戦が、フランクフルトで決勝戦が行われ、日本が初優勝した。

　この年の、2 月にニュージーランドのクライストチャーチで地震が起こり、クライストチャーチのシンボルともいえるクライストチャーチ大聖堂の尖塔が崩壊し、日本人を含めて多数の死者が出た。また、7 月には、中国の高速鉄道が温州で鉄道衝突脱線事故を起こし、多くの死者を出した。タイでは、8 月から 12 月まで続いたチャオプラヤ川の大洪水により 10 月中ごろからバンコクの中心部でも冠水が広がった。そして、12 月には、朝鮮民主主義人民共和国の金正日総書記が死去している。なお、イギリスのウィリアム王子の結婚式が、4 月、ロンドンの世界文化遺産で歴代の王が戴冠式を行っている英国国教会のウェストミンスター寺院で行われた。

　2012 年は、1 月に過去 2 回冬季オリンピックが開かれたオーストリアのインスブルックで 14 歳から 18 歳までを対象とした第 1 回冬季ユースオリンピックが開催された。また、7 月から 8 月にかけてロンドンで夏季オリンピックが開かれている。この年の国際的な首脳会議は、主要国首脳会議が 5 月に

G8 ：フランス、アメリカ合衆国、イギリス、ドイツ、日本、イタリア、カナダ、ロシア
G20 ：フランス、アメリカ合衆国、イギリス、ドイツ、日本、イタリア、カナダ、欧州
　　　連合（EU）、アルゼンチン、オーストラリア、ブラジル、中華人民共和国、インド、
　　　インドネシア、メキシコ、大韓民国、ロシア、サウジアラビア、南アフリカ、トル
　　　コ

アメリカ合衆国メリーランド州のキャンプデービッドで、G20 首脳会合は、6
月にメキシコのバハ・カリフォルニア半島南端のビーチリゾート、ロスカボ
スで、APEC 首脳会議は 9 月に日本との直行便もあるロシアのウラジオスト
クで開かれた。なお、1 月にドブロブニク旧市街などが世界文化遺産となっ
ているクロアチアで EU 加盟に関する国民投票が行われ賛成を得て、2013 年
7 月加盟した。その EU 欧州連合は 10 月ノーベル平和賞を受賞している。な
お、1 月にクルーズ船コスタ・コンコルディアがイタリア沖のティレニア海
で座礁事故を起こした。また、4 月はタイタニック号の沈没から 100 年となっ
ている。

　2013 年の国際的な首脳会議は、主要国首脳会議が 6 月にイギリス、北アイ
ルランドのロックアーンで、G20 首脳会合は、9 月にロシアの古都サンクト
ペテルブルクで、APEC 首脳会議は 10 月にインドネシアのバリ島ヌサドゥア
で開かれた。バチカンでは、3 月、ローマ教皇を選出するコンクラーベが行
われた結果ブエノスアイレス大司教が選出され、ローマ教皇フランシスコと
なった。また、4 月にはオランダで、7 月にはベルギーで王位が譲位され、王
位が継承された。なお、9 月のアルゼンチン・ブエノスアイレスで開かれた
IOC 総会で、2020 年夏季オリンピックが東京と決定している。

　この年、2 月にエジプトの古都ルクソールで熱気球の墜落事故があり、日
本人を含んだ死亡者が発生している。また、10 月には、フィリピンのボホー
ル島で地震が発生し、ボホール島やセブ島で死者が出ている。なお、8 月か
ら、トーマスクック社が「トーマスクックヨーロッパ鉄道時刻表」の事業か
ら撤退し、同時刻表は休刊となった。もっとも、同時刻表は 2014 年には、出
版権譲受者により「ヨーロピアン・レール・タイムテーブル（European Rail
Timetable Limited)」として発行されている。

　2014 年は、2 月に黒海に面するロシアのソチで冬季オリンピックが開催さ
れた。また、6 月から 7 月にかけて、サッカー FIFA ワールドカップブラジル
大会が開幕戦の行われたサンパウロ、決勝戦の行われたリオデジャネイロを
含め 12 都市で実施された。また、9 月から 10 月にかけアジア大会が韓国の
仁川で開催されている。

　サミットは、3月に核セキュリティ・サミットと同時にオランダのハーグ
で緊急開催されたほか、6月にソチで開催される予定であったが、ロシアは
参加資格停止となり、先進国首脳会議と呼ばれるようになってベルギーのブ
リュッセルで開催された。なお、スペインでは前国王退位により新国王が即
位している。

　この年は、1月に中国のハルビンに安重根義士記念館が開館している。2月
には、インドネシア・ジャワ島のクルド山が噴火して、ボロブドゥールやプ
ランバナンなどの観光地も閉鎖になった。また、マレーシア航空が3月にイ
ンド洋に墜落したと思われ、また7月にウクライナで撃墜され墜落している。
また、韓国では4月に珍島沖で旅客船セウォル号の沈没事故があった。

　2015年の6月に先進国首脳会議は、ドイツ南部バイエルン州の保養地エル
マウ城で行われた。G20首脳会合は、トルコ南部の地中海に面するリゾート
地アンタルヤで行われている。

　9月から10月にかけてラグビーワールドカップがイングランドで開催され
た。開催地は、開幕戦・決勝戦が行われたラグビーの聖地と呼ばれるロンド
ン郊外のトゥイッケナム・スタジアムやウェールズのカーディフを含め11都
市13会場である。

　4月には、天皇・皇后は、戦没者の慰霊、平和祈念のためパラオを訪問し、
太平洋戦争激戦地のペリリュー島などを訪れている。なお、11月には、スペ
インのカタルーニャ議会が独立手続き開始宣言を可決している。

　2016年の先進国首脳会議は、伊勢志摩サミットであったが、G20首脳会合
は、9月に中国の杭州で、APEC首脳会議は11月にペルーのリマで開かれて
いる。この年の2月には、カトリックのローマ法王とロシア正教会の最高位
キリル総主教がキューバの首都ハバナでカトリック教会と東方正教会に分裂
して以来の約1000年ぶりの会談を行った。また、10月にはタイ国王が死去
している。

　なお、2月には、1994年に冬季オリンピックが行われたノルウェーのリレ
ハンメルで第2回冬季ユースオリンピックが開催され、8月には、リオデジャ
ネイロで夏季オリンピックが開催されている。スイスでは、6月にアルプス

山脈を貫通するゴッタルドベーストンネルが開通し、世界最長の鉄道トンネルとなった。

　2017年は、5月にイタリア・シチリア島のタオルミーナで先進国首脳会議が、7月にドイツのハンブルクでG20首脳会合が、11月にベトナム中部のダナンでAPEC首脳会議が開かれている。

　この年の2月は、オーストリアの第二の国歌といわれるヨハン・シュトラウス2世のワルツ「美しく青きドナウ」の初演150周年であった。また、6月から9月には、カザフスタンの首都アスタナ（2019年よりヌルスルタンに改称）で国際博覧会が開かれた。また、8月には、大西洋上の酒精強化ワインで知られるポルトガルのマデイラ島で宗教行事中に巨木が倒れ死者が出た。そして、10月にはアメリカ合衆国ラスベガスのメインストリートであるストリップで銃乱射事件が起こり多数の人が死亡している。さらに、11月には、インドネシア、バリ島のアグン山が噴火しングラ・ライ国際空港が閉鎖された。

　2018年は、2月に韓国の平昌で冬季オリンピックが開催されている。また、6月から7月にかけて、サッカーFIFAワールドカップロシア大会が11都市で開催された。開幕戦と決勝はモスクワで行われている。先進国首脳会議は、6月にカナダ、ケベック州のセント・ローレンス川を望むシャルルボワラ・マルベイで開催された。同じく6月、アメリカのトランプ大統領と北朝鮮の金正恩委員長がシンガポールのセントーサ島で首脳会談を行った。

　この年の2月には、台湾の花蓮付近で地震あり花蓮市内のホテルなどが倒壊した。また、6月には、タイのミャンマー国境の町チェンライ県メーサイ近郊のタムルアン洞窟にサッカー少年団が閉じ込められる事故が起こった。

　2019年の先進国首脳会議は、8月にスペイン国境に近いフランスのバスク地方のリゾート地ビアリッツで行われた。5月には、タイで国王の戴冠式が行われている。また、6月から7月にかけてサッカーFIFA女子ワールドカップが開幕戦のパリ、決勝のリヨンをはじめとしてフランス9都市で開催された。

　この年は、3月にニュージーランドのクライストチャーチのモスクで銃乱

射事件がおこり多くの死者が出た。また、4月にはパリのノートルダム大聖
堂が火災で多くの部分が焼失した。オーストラリアでは、10月から世界複合
遺産であるエアーズロックといわれたウルルへの登山が禁止となった。

3) 試験問題の分析

(1) 国際航空運賃

「国際航空運賃」は、従来、普通運賃と特別運賃に分かれ、定められた運賃
規則に基づいて、計算する形式の問題であった。運賃規則は、共通性があり、
基本的に、マイレージシステム、HIFチェック、CTMチェックを適用して、
適用運賃額を算出する。それに、特別運賃では、例外や追加される規則を規
則表から読み取り、適用運賃額を算出することになる。

総合旅行業務管理者試験での出題は、この計算過程や全旅程の総額運賃に
ついての正しい選択肢を選ぶ以下のような形態で出題されている。

○下記の適用条件に基づき、資料編を参照のうえ、以下の問1.～問5.の各
　設問について該当するものを、それぞれの選択肢から一つ選び、解答用
　紙にマークしなさい。

　【中略】

　問1. この旅程において、JL／AAダイナミックセイバー7運賃を適用
　　　し、往路にLクラスで予約した場合、往路の運賃算出のための計算式
　　　はどれか。【選択肢略】

　問2. この旅程において、JL／AAダイナミックセイバー7運賃を適用
　　　し、復路をMクラスで予約した場合、復路の運賃算出のための計算式
　　　はどれか。【選択肢略】

　問3. この旅程において、JL／AAエコノミーセイバー運賃を適用した
　　　場合、往路の運賃算出のための計算式はどれか。【選択肢略】

　問4. この旅程において、JL／AAエコノミーセイバー運賃を適用した
　　　場合、復路の運賃算出のための計算式はどれか。【選択肢略】

問 5.　この旅程において、JL ／ AA エコノミーセイバー運賃を適用した
　　　場合、この旅程は周回旅行であるため、周回旅行の運賃計算規則に
　　　従って CTM CHECK（Circle Trip Minimum Fare Check）を行わなければ
　　　ならないが、その際の CTM となる運賃（Circle Trip Minimum Fare）は
　　　どれか。【選択肢略】
　　　　　　　　　　　　　　　　　　　　　　　　（総合 2012 年　第 1 問）

　しかし、普通運賃においてもキャリア運賃が主流になり、したがって、普
通運賃計算においても各航空会社の運賃規則があるため、すべての航空会社
で共通というわけではなくなり、規則表を読み取る必要が出てくる。結局、
2018 年 10 月に IATA 運賃は廃止され、CTM チェックも廃止されているが、
こうなると、運賃規則の共通部分は少なくなり、その結果、それぞれの運賃
規則、運賃表から、当該旅程にもっとも適切な適用運賃を探索する能力が試
される問題となっていく。

　○下記の適用条件に基づき、資料編を参照のうえ、以下の問 1.～問 3.の各
　　設問について、該当するものをそれぞれの選択肢から一つ選び、問 4.の
　　設問について、該当するものを選択肢からすべて選び、解答用紙にマー
　　クしなさい。
　　【中略】
　　問 1.　この旅程において、NCE を運賃計算上の折り返し地点として、往
　　　　路に Standard B 運賃、復路に Saver L 運賃を適用した場合、運賃算出
　　　　のための計算式はどれか。【選択肢略】
　　問 2.　この旅程において、HEL を運賃計算上の折り返し地点として、往
　　　　路に Flex Y 運賃、復路に Saver L 運賃を適用した場合、運賃算出のた
　　　　めの計算式はどれか。【選択肢略】
　　問 3.　この旅程において、PAR を運賃計算上の折り返し地点として、往
　　　　路に Saver L 運賃、復路に Standard B 運賃を適用した場合、運賃算出
　　　　のための計算式はどれか。【選択肢略】
　　問 4.　上記問 3.の運賃を適用した航空券に関する次の記述のうち、正し

いものをすべて選びなさい。

a. 最長旅行期間の規則を最大限に適用してヨーロッパに滞在する場合、HEL‑TYO 間の JL414 便の最終旅行開始日は 2020 年 9 月 16 日（水）となる。

b. 航空券発券後、日本航空が 2019 年 8 月 1 日（木）に日本政府の認可を受け、2019 年 9 月 1 日（日）出発分から当該旅行の航空運賃の改定をした場合においても、航空運賃の差額調整は行われない。

c. MAD 到着後の 2019 年 9 月 16 日（月）に、旅客の都合により、MAD‑PAR 間の IB 3402 便を 2019 年 9 月 19 日（木）の IB 3402 便の同一クラスへ変更することは、変更手数料 15,000 円を支払うことにより可能となる。

(総合 2019 年　第 1 問)

　出題形態は、この 10 年間資料を前提にその適用を問う形であることは変わっていない。しかし、最近では、CTM チェックがなくなるなどの事情もあり、より基礎的な運賃規則の知識が必要となる問題が少なくなり、資料読解力があれば、ある程度は対応できるようになってきている。

(2) 出入国法令

　「出入国法令」の問題は、ほぼ定型化した形で出題されている。特に、2012 年以降の 8 年間は、毎回旅券関係が 4 題出題されている。2011 年は、旅券関係の出題は 3 題であったが、2011 年を含めて、うち 1 題は下記のような旅券の発給を申請する際に申請者が人違いでないこと等を確認する書類について出題されている。

○次のうち、旅券の発給を申請するに当たり、申請者が人違いでないことを確認するために都道府県知事が提示又は提出を求める書類として、その要件を満たしているものをすべて選びなさい。

a. 個人番号カードを 1 点のみ

b. 交付年月日が平成 24 年 4 月 1 日以降の運転経歴証明書を 1 点のみ

　　c.国民年金手帳を1点と後期高齢者医療被保険者証を1点

（総合 2019 年　問 12）

　なお、2010 年の旅券関係の出題は 4 題であるが、確認する書類にかかる問題は、上記のような単独での出題ではなく、他の旅券関係にかかる設問の選択肢を含めた形での出題であった。しかし、他の対象と複合した出題であっても、この 10 年間、確認する書類についての問題は毎年出題されていることになる。上記の問題では、運転経歴証明書が選択肢に加えられているが、運転経歴証明書が問題文に登場したのは、当該書類が確認書類として認められる改正のあった 2013 年の総合旅行業務取扱管理者試験からである。

　また、在留外国人の再入国にかかる問題は、この 10 年間、毎年 1 題出題されている。これは、日本の出入国において、在留外国人についての再入国の許可は、日本人の旅券の発給に並ぶ意味を持つため、海外旅行実務を取り扱う知識としては、在日外国人を扱う場合必要な知識といえるためである、と考えられる。みなし再入国の制度は、出入国管理及び難民認定法の 2012 年 7 月施行の改正で導入された。以下のような選択肢の一つにすぎないが、改正年の 10 月実施の総合旅行業務取扱管理者試験で出題されている。このことは、本制度の導入について素早い周知を旅行業界に求める意図があることが推しはかれる。

　○みなし再入国許可を受けて出国した外国人が、当該許可の有効期間内に
　　再入国することができないときは、日本国領事官等に当該許可の有効期
　　間の延長を申請することができる。

（総合 2012 年　問 13）

　「出入国法令」の問題の残りの 3 題（2011 年は 4 題）は、海外旅行の通関にかかる問題である。そのうち 1 題は、下記のような日本への持ち込みを規制または禁止されているものを問う問題で、この 10 年間毎年出題されている。規制の根拠は、関税法に基づく場合のほか、家畜伝染予防法や植物防疫法などの動植物検疫にかかる場合もある。

○日本人旅行者が帰国時に携帯して輸入する次の物品のうち、持ち込みを
　規制又は禁止されているものをすべて選びなさい。
　a. フランスで購入したワニ革製の財布
　b. インドで購入したダージリン紅茶（完全発酵した茶葉）
　c. 中国で購入した生きた上海ガニ　　　　　　　（総合 2019 年 問 16）

　海外旅行の通関にかかる問題のこのほかの 2 題（2011 年は 3 題）は、免税
範囲や課税を含めた出入国時の通関にかかる問題である。ただ、この部分の
出題については、法令上の根拠はあるものの管轄官庁で配布されているリー
フレット等の広報物の範囲での出題で、法令というより実務的な能力を試し
ているようにみられる。
　「出入国法令」は、旅行業法施行規則では、「旅券の申請手続、通関手続、
検疫手続、為替管理その他の本邦外の旅行を取り扱う旅行業務に必要な法令
に関する知識」とされている。検疫手続は、動植物検疫については、海外旅
行の通関にかかる問題の中で出題されているが、人の検疫については、この
10 年は出題されていない。為替管理も「支払手段等の携帯輸出・輸入申告書」
については出題されたこともあるが、出入国時の通関にかかる問題の一選択
肢としてである。
　以上をみると定型的な問題の多い「出入国法令」は試験のための対策が立
てやすい科目といえる。しかしながら、手続き的な規定が多く、それを知ら
ないと社会通念を基準とした常識で解答するのは困難である。そのため、海
外旅行実務を扱うためには、確実に知っておかなければならない知識を繰り
返し出題することで、当該対象の熟知を旅行業界に促そうとしている出題意
図が感じられる。
　なお、1995 年の旅行業法改正以前の一般旅行業務取扱主任者試験と比べ、
出題対象に大きな変化はないが、この科目は「海外旅行実務」の一部ではな
く単独の科目であった。ただ、その旅行業法施行規則で定める事項、すなわ
ち科目は、「旅券の申請手続、通関手続、検疫手続、為替管理その他の本邦内

の旅行以外の旅行を取り扱う旅行業務に必要な法令に関する知識」となって
おり、現行の「本邦外の旅行」のところが「本邦内の旅行以外の旅行」と
なっていた。これは、単に言い方を変えただけにみえるが、「本邦内の旅行以
外の旅行」であれば、本邦内で完結しない、つまり、本邦外からきて日本の
出入国がかかわる旅行、すなわち、インバウンドの出入国も対象にできると
の解釈も可能である。実際、この科目においては、過去には、出入国管理及
び難民認定法の上陸の特例である寄港地上陸の許可や通過上陸の許可などの
外国人の出入国についての出題もされていた。しかし、現行の「本邦外の旅
行」という表現になれば、この部分を出題範囲に含めるのは無理があると解
釈せざるを得ない。

（3）海外地理

　総合旅行業務取扱管理者試験における「海外地理」の出題の約3割を「西
ヨーロッパ」が占めている。一方、「東アジア」は1割である。以上は出題対
象の性格的種別とともに先に示しているが、ここではさらに、この10年の
問題の出題傾向を詳しくみる。

　まず、出題対象となった国をみる。ここでは、ひとつの問題ですべての選
択肢が、当該国にかかわるものであれば1と数え、ひとつの問題の選択肢の
中で複数の国が現れている場合は、按分して合計を求める。毎年20題出題
されているので、この数値は合計すれば200になる。

　こうして求めた数をみると、「中国」が最も多く14となる。次に、「アメ
リカ合衆国」と「フランス」が13.5となり「中国」に次ぐが、アメリカの中
には「ハワイ」の10を含めていないので、「アメリカ合衆国」に「ハワイ」
を含めれば23.5となり最も多くなる。このほか、10以上の国には、「インド」
「イタリア」がある。したがって、これらの国からは平均すれば毎年1題以上
出題されていることになる。また、「イギリス」「カナダ」「オーストラリア」
「スペイン」「トルコ」「スイス」「メキシコ」が5以上の国で、これらの国の
問題は2年に1回以上出題されていることになる。

　次に、選択肢や問題文中で示されている観光地・観光資源で、この10年

でよく取り上げられる対象をみる。問題文中には、都市名や地方名を解答の
糸口として記述されることがあるが、それも含める。ただ、国名は含めない。
　その前提で、よく出現するものを示すと「カウアイ島」が最も多く 7 回
あった。そのほか、「オアフ島」「マウイ島」「ハワイ島」「ハレアカラ」「マウ
ナケア」といったハワイの地名、「アンボセリ国立公園」「マサイマラ国立保
護区」のアフリカの自然公園、都市名としては、「パリ」のほか、「ジャイ
プール」、さらに「ケアンズ」「シドニー」「ダーウィン」というオーストラリ
アの都市、そして、メキシコの遺跡である「チチェンイッツァ」が 5 回以上
現れている。
　さて、日本人の海外旅行者数上位国は、1 位米国（ハワイ州、グアムを含む）、
2 位中国、3 位韓国、4 位台湾、5 位ハワイ州（再掲）とされている [14]。出題
数上位の国と比較すると、アメリカ合衆国、中国、ハワイは海外旅行者数上
位国と一致するものの、韓国は 2 回、台湾は 4 回の出題である。海外旅行者
数上位国 6 位から 10 位は、順にタイ、シンガポール、香港、ベトナム、グ
アムとなる。この出題数は、タイ、シンガポール、ベトナムについては 2 〜
4 回で、香港、グアムの出題はない。また、海外旅行者数上位のヨーロッパ
諸国は、15 位までにドイツ、フランス、スペインが入っている。一方、イタ
リア、そして、インドはここには入っていない。したがって、以上をみる限
り、「海外地理」の出題においては、海外旅行者数の多寡は考慮されていると
はいえないと考えられる。
　しかし、海外旅行者数の多寡は考慮されていないとしても、出題する**デス
ティネーション**の配分には配慮されているようにみえる。アフリカや中南米
は、日本からの旅行者は相対的に少ないものの、それなりの出題数はある。
しかし、これらのデスティネーションについては、旅行者数が少ないゆえ海
外旅行実務で必要な観光資源の知識のバリエーションが増えないため、出題
される観光資源も限られたものになってくると考えられる。これが、メキシ
コの「チチェンイッツァ」の出現回数が多いことや、以下のような類似の問

デスティネーション：destination は、目的地を意味するが、特に、観光客が訪れる目的
　　地となる地域を指す場合に用いられる。

題が出ていることに現れていると考えられる。

〇エジプトの観光地に関する次の記述のうち、誤っているものはどれか。

a. アブシンベル神殿はアスワンの南方に位置し、ラムセス 2 世によって建立された。

b. ギザには、クフ、カフラー、メンカウラー三王のピラミッドやスフィンクスがある。

c. メンフィスはプトレマイオス王朝時代の首都で、世界の不思議のひとつファロスの灯台があったことで知られる。

d. サッカラには、古墳やピラミッドが多数あるが、特にジョセル王の階段ピラミッドで知られる。　　　　　　　　　　　　　（総合 2012 年　問 32）

〇エジプトの観光地等に関する次の記述から、正しいものだけをすべて選んでいるものはどれか。

（ア）ルクソールは、市域がナイル川によって東西に分かれ、東岸にはカルナック神殿やルクソール神殿、西岸には王家の谷やハトシェプスト女王葬祭殿などの古代エジプト文明の遺跡がある。

（イ）ギーザには、古王国時代のクフ王、カフラー王、メンカウラー王の三王の陵墓といわれる三大ピラミッドがあり、カフラー王ピラミッドの参道入口にはスフィンクスの像がある。

（ウ）地中海に面した港町メンフィスは、プトレマイオス王朝時代の首都で、世界の七不思議のひとつファロス島の灯台があったことで知られる。　　　　　　　　　　　　　【選択肢略】（総合 2017 年　問 41）

このことは、旅行者数が多くても観光資源のバリエーションに富まないデスティネーションについてもいえる。問題文に多く出現する同一の観光地・観光資源に「ハワイ」や「オーストラリア」が多いことはこれを裏付ける。それは、問題の作り方も以下のように似てくるようになるのだろう。

〇次のオーストラリアでのオプショナルツアーとその観光の起点となる都

市との組合せのうち、正しいものをすべて選びなさい。

a. サンセットピナクルズツアー　　　—　　　パース

b. フィリップ島ペンギンパレード　　　—　　　ダーウィン

c. ブルーマウンテンズツアー　　　　　—　　　シドニー

（総合 2012 年　問 44）

○次のオーストラリアでのオプショナルツアーとその観光拠点となる都市との組合せのうち、正しいものをすべて選びなさい。

a. グリーン島とアウターリーフツアー　　　—　　　ケアンズ

b. フィリップ島ペンギンパレード　　　　　—　　　メルボルン

c. ブルーマウンテンズ観光　　　　　　　　—　　　シドニー

d. サンセットピナクルズツアー　　　　　　—　　　ダーウィン

（総合 2016 年　問 44）

　これに対して、「西欧」の出題数は多いが同一の観光地・観光資源の出現度合いは小さい。パリはよくでてくるが、選択肢より問題文中で「パリの」「パリ近郊の」という使われ方も含めているためである。同一の観光地・観光資源の出現度合いは小さいものの出題数が多いということは、「西欧」の出題対象となる観光地・観光資源が多いということである。これは「中国」についてもいえる。すなわち、「西欧」や「中国」は問題がつくりやすいということである。そう考えると「海外地理」の問題作成においては、出題対象のバリエーションが豊富で問題がつくりやすいことが好まれるものの、大きな意味での地域間のバランスも考慮して作成されていると考えられる。

　また、時事的な問題は、2011 年の試験では、サッカー女子 W 杯での優勝を引用し「フランクフルト」が、2017 年の試験では、サミット会場であることを示して「タオルミーナ」がその年に出題された。さらに、2015 年には天皇・皇后が訪問した「パラオ」に関する問題が、また「ウィンザー城」に関する問題が、エリザベス女王の即位 60 周年の 2012 年と 90 歳の誕生日を迎えた 2016 年に出題された。このほか、ゴッホの没後 125 年やヨセミテ国立公園 150 周年など当年が周年にあたる例を示して問題とされている場合もあ

る。

　新しい観光地として、2011 年の試験で前年オープンしたシンガポールの
「マリーナベイサンズ」や 2010 年の試験で同年開業した「ブルジュハリファ」
を示したドバイにかかわる問題も出題されている。また、2012 年はモンサン
ミッシェルの参道の「プーラールおばさん」、2013 年は CM で話題になって
いた「ウユニ塩湖」にかかわる問題が出題されている。

　しかしながら、以上をみると、やはり、「アジア」に関する問題が少ないよ
うに感じられる。これは、上記で示したように問題がつくりやすいか、とい
う点からみた結果とも考えられる。そういう観点であれば、「アジア」でも
「中国」や「インド」が多いことは納得できる。しかし、この問題がつくりや
すいという前提は、1995 年の旅行業法改正以前のこの科目が旅行業法施行規
則で「主要国についての政治、文化及び地理に関する知識」と定められてい
たことを引きずっているように思えてならない。つまり、観光資源を、文化
資源、自然資源と捉えて、現行の「主要国の観光に関する知識」も従来から
の周遊型・見学型の旅行の枠の範囲で捉えているのではないだろうか。

　旅行業法施行規則第 10 条では、旅行業務取扱管理者が管理・監督する事
務として、旅行に関する計画の作成に関する事項があげられている。「海外地
理」の試験もこの能力を試すために必要である。したがって、旅行の計画を
周遊型・見学型の旅行に求められる知識と捉えれば、「西ヨーロッパ」や「中
国」は求められる知識の量は多く、旅行者が相対的に少ないとしても、これ
らを中心に作問することは妥当である。しかし、現在の海外旅行は、周遊
型・見学型の旅行商品も存在するものの、以前にも増して、**スケルトン型**や
個人旅行への対応が必要とされる。旅行の計画の作成においては、計画その
もののコンテンツとして組み込まなくても、スケルトン型や個人旅行の計画
への対応の背景として求められる知識があり、それは、周遊型・見学型の旅
行に求められる知識と同様ではないはずである。

スケルトン型： skeleton は骨格を意味する。スケルトン型の旅行は、宿泊施設と交通機
　　関などの骨格のみで構成される旅行商品。

　例えば、韓国へ関心をもつようになったきっかけは、20代女性が「K-POP」とテレビの「バラエティ番組」などであり、50代女性では、「**冬のソナタ**」など第一次韓流ブームの影響が認められたうえで、「世界遺産」の存在にも関心を向けるようになったとの調査がある[15]。また、「旅行先と最も楽しみにしていたこと」についての調査では、全体では「おいしいものを食べること」「文化的な名所を見ること」「自然景観を見ること」「街や都市を訪れること」「買い物をすること」の順で多いが、韓国では、「おいしいものを食べること」「買い物をすること」が、1位2位となっている[16]。

　すなわち、旅行者のニーズという意味では、韓国の観光に関する知識は、韓流コンテンツや食事、買い物が文化的な名所や自然景観に勝るということができる。総合旅行業務取扱管理者試験における韓国についての出題は、この10年間で2題であり、仮に対象を文化資源、自然資源とするなら作問の発想も限られるとしても、実際の旅行者の求める韓国の観光に関する知識に広げれば、ヨーロッパに劣らない出題の拠りどころがある。これは、他のアジア諸国についても同様であろう。

　もっとも、このことは以下のような問題が出題されていることから作問者も気が付いているとは思える。

　○韓国の古美術品などの骨董品や民芸品、伝統韓服や韓紙、韓国伝統茶などの伝統的な生活文化を知ることのできる　　　　　は、ソウルの代表的なショッピングストリートのひとつである。　　　　（総合2011年 問36）

　なお、韓国のもう1題の問題は、文化資源、自然資源を対象とした問題である。また、コンテンツに関係する問題としては、台湾について以下の問題が出題されている。

K-POP：韓国のポピュラー音楽
冬のソナタ：韓国で制作され日本でも放映されたペ・ヨンジュン、チェ・ジウ出演のテレビドラマ。

○台北の東、海を望む山の斜面に石段や石畳の小道や古い家並みが続く
　　　　　　は、かつては金鉱として栄えたが、この地で撮影された映画が
映画祭で受賞したことで脚光を浴び、また、近年は日本からの観光客も
訪れている。

（総合 2011 年　問 35）

　このように、コンテンツやショッピングに焦点を当てた作問もあるが、量
は少ない。しかし、この分野が、「主要国についての政治、文化及び地理に関
する知識」ではなく、「主要国の観光に関する知識」であるゆえ、文化資源、
自然資源以外のこのような部分の問題開発を行っていくべきであると考える。
特に、アジアにおいてはこの部分への旅行者の関心は高い。また、現実的に
アジアへの渡航者数も多いため、アジアについてはもう少し出題比率を上げ
る方が妥当とも考えられる。そして、この部分の問題を開発することにより、
旅行業者の旅行実務において知るべきと考える知識が開拓されることになる。
このことが、新たな旅行商品の開発につながり、旅行事業の発展を導く。作
問においても、従来の観念にとらわれず、新たな部分で作問技術を高めるこ
とが、このイノベーションの先鞭をつけることになると考えられるのである。

（4）語　学

　「語学」の問題は、この 10 年間、旅行についての説明をしている案内文か、
当事者間で旅行にかかわる約定を定めた条件書を示して内容を把握する問題
であることは先に示した。案内文といっても、とりあげた旅行についての条
件を説明している部分が多く、そういう点では条件書と変わりない。これら
についての内容を問うたり、空欄や下線で示したところの適切な解答を求め
たりすることで、当該文章の内容を把握できているかの能力を試している。
　さて、その文章の性格であるが、10 年間の本文の単語を検証すると、以下
のような単語が、よく出現している。
　最も多いのが、the であるが、このような文章の内容を問わず用いられる
冠詞や代名詞、接続詞、前置詞、be 動詞などを除くと、tour である。これ
に、day、book、time、cruise、cancel、ticket、registration、group、refund、

deposit、departure、agent、confirm　が続いている。これらの単語は、複数形で出てくる場合や名詞形や動詞形などになって出てくる場合もあるが、それらはひとつにまとめている。こうみると、旅行の予約、取消条件などにかかわる出題が多いことがわかる。頻出される単語以外も含めたうえで勘案すると、予約や取消にかかわる語彙力が求められることが想像できる。

　この10年間の「語学」の出題は、半ページから1ページ程度の文章をもとに、大きく問題が2つ作られて、小問はあわせて8題となる。文章の内容は上記に示したものがほとんどであるが、空欄に適切な語を選択する問題も出題されている。空欄に適切な語を選択する問題は、2つの大問でそれぞれ1つの実施年が多いが、以下のように1つの大問で2題出されたこともある。

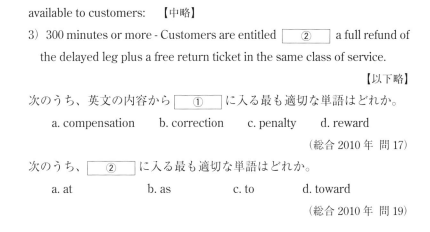

○ For most delays to train services we will make the following ①
　available to customers: 【中略】
　3）300 minutes or more - Customers are entitled ② a full refund of
　　the delayed leg plus a free return ticket in the same class of service.

【以下略】

　　次のうち、英文の内容から ① に入る最も適切な単語はどれか。
　　　　a. compensation　　b. correction　　c. penalty　　d. reward
　　　　　　　　　　　　　　　　　　　　　　　（総合 2010 年 問 17）
　　次のうち、 ② に入る最も適切な単語はどれか。
　　　　a. at　　　　　　b. as　　　　　c. to　　　d. toward
　　　　　　　　　　　　　　　　　　　　　　　（総合 2010 年 問 19）

　上の問題は、文章の内容を理解したうえで問題となっている旅行の条件について適切な単語を選ぶ問題である。すなわち、海外旅行実務に求められる読解力という点に焦点が当たっているといえよう。一方、下の問題は、文章の内容の理解は必要であるが、問題自体は、海外旅行実務に特化したものではない。しかし、基本的な英語の能力は、必要である。

　例年は2つの大問で1問ずつ空欄に適切な語を選択する問題を出題してい

るが、この年は、もう1つの大問での出題はない。したがって、この問題から、あわせて2つの空欄に適切な語を選択する問題を出題する狙いを考えると、ここには、海外旅行実務に求められる語彙力と基本的な英語の能力を試す狙いがあるとみることができる。これに他の問題で、文章全体の意味、すなわち、その読解力が基本的な英語の能力と海外旅行実務に求められる単語の能力に裏付けられているかを試す。すなわち、この2つの能力が十分であるかを、旅行業務取扱管理者として求められる能力であると考えているのが、作問者の意向と考える。

(5) 一般実務

「一般実務」の問題は、「2レター・3レターコード」「時差や所要時間」「時刻表の読みとり」を中心にその他の業務知識からの出題になっていることは、先に述べた。このうち、「2レター・3レターコード」の問題は、この10年、毎年1題ずつ、ほぼ同じ形態で出題されている。

2レターコードについては、正しいものを選ぶ、誤っているものを選ぶ、単一解答、複数解答の違いはあるものの、毎年、2レターコードと航空会社名の組み合わせを問う問題である。10年間で出てくる2レターコードは、正しい解答、誤っている解答として出されたものを合わせて3回以上出てくる2レターコードはない。一方、符合される航空会社名も3回以上出てくる航空会社はない。しかし、2レターコードとしては、CA、EK、MU、SAは2回でてくる。一方、符合される航空会社については、「中国国際航空」「エミレーツ航空」「フィリピン航空」「カンタス航空」が2回でてくる。「中国国際航空」「エミレーツ航空」はどちらからみても2回でている。このことと他の出題をみると、航空会社名を英字表記で示したとき英字表記におけるポイントとなる2文字で表れていない航空会社が出題される傾向があることが認められる。もっとも、「中国国際航空」は、ポイントとなる2文字で表れているが、「チャイナエアライン」や「エアーカナダ」との混同を導くような出題になっているので、そのあたりの整理ができているか、の知識も問うていると考えられる。

　3レターコードについても、都市以外に空港のコードが出題された実施年もあるが、基本的に、毎年、3レターコードとその属する国名の組み合わせを問う問題である。3レターコードも、3回出てくる3レターコードはCANだけで、あとBKK、MIL、RIO、SGNが2回出てくるほかは、1回だけの出題である。3レターコードも他の出題とこれらの例を鑑みて傾向を判断すると、日本から直行便があるもののさほど頻度が多くない都市、当該国において首都ではないがそれに準じる規模の都市、1回の乗継で旅行できる観光資源のある都市が出される傾向にあると考えられる。3レターコードも都市名を英字表記で示したとき英字表記におけるポイントとなる3文字で表れていない3レターコードは、いくつかの選択肢の中に含まれている傾向もあるといえるが、SGNのように以前の都市名のポイントとなる3文字で構成される3レターコードの出題も認められる。もっとも、BKKはそのいずれにもあたらないが、国名の組み合わせを問う問題では、その国に属する都市の3レターコードが2つ出されていることが多く、そのひとつとしての2回の出題となっている。

　このほか、以下のような時差を求める問題と所要時間の計算の問題は、多少形態の違いはあるものの、この10年、毎年1題ずつ出題されている。

○東京が2019年11月1日（金）正午（12時）のとき、次の各都市の現地時刻のうち、誤っているものはどれか。

　a. アテネ（ATH）　　　　　11月1日　午前5時

　b. シェムリアップ（REP）　11月1日　午前10時

　c. シカゴ（CHI）　　　　　10月31日　午後9時

　d. パース（PER）　　　　　11月1日　午前11時　（総合2019年 問45）

○東京（NRT）〜バンクーバー（YVR）間を次の便を利用して往復した場合、往路、復路の所要時間の組合せのうち、正しいものはどれか。

　往路 JL 018　2019年11月1日

　　　　　　　東京　　　　18:40発　　バンクーバー 11:45着

　復路 JL 017　2019年11月4日

　　　バンクーバー 12:40 発　　東京　　　　16:25 ＋ 1 着

【選択肢略】（総合 2019 年　問 45）

　「一般実務」の問題には、資料編が用意されている。上記の 2 問題の解答に
当たって出題都市のタイムゾーンを知る必要があるが、これは、OAG
International Time Calculator が資料に用意されているので、ここから読み取
ればよい（ただし、その都市がどの国にあるか、タイムゾーンが複数ある国ではど
のタイムゾーンに属するかの知識は必要）。また、下の問題は、便名並びに発着
時刻が問題文中に示されているが、適用便を、まず、OAG 航空時刻表から求
める形で出題されている実施年もある。

　以上 4 題は、具体的な対象は異なるものの同種の問題である。さらに、所
要時間とは別に OAG 航空時刻表を読み取る問題が、毎年 1 題は出題される。
そして、2012 年までは毎年鉄道時刻表の読み取りが出題されていた。これ
は、「トーマスクックヨーロッパ鉄道時刻表」からの出題であるが、2013 年
に休刊となって以降、時刻表の読み取りは出題されていない。もっとも、時
刻表の読み取りではない鉄道の知識を問う問題が出題されることはある。
OAG 航空時刻表の問題には、MCT の把握を試す出題が多い。特に、鉄道時
刻表の出題がなくなった 2013 年以降は、毎年 MCT が関係する問題が出され
ている。これも OAG Minimum connecting times が資料で出されるので、読み
取りができれば知識がなくても解答できる。

　こうみると、毎年 5 題は出るところが決まっている。これで、試験の合格
基準である 6 割以上を占めることになる。このほか、その他の業務知識が出
題されるが、ここには、鉄道、クルーズ、宿泊、保険でみられる用語の意味
のような普遍性のある知識を問う問題と、査証・出入国関係の条件といった
流動性のある知識を問う問題がある。普遍性のある知識も 2017 年以降の 3 年
間はクルーズからの出題であるので、近年のクルーズ人口の増加 [17] を反映
した問題で、旅行市場の動向を反映している。そのため、ここで、旅行市場
の動向を反映した問題が出題されているなら、そういう意味においては、こ
れも知識としての必要性は、流動性のあるものと捉えられるので、査証・出

入国関係の事情の動向の変化とあわせて市場のトレンドの変化をつかんでいるか、を試す問題であるといえよう。

　したがって、「一般実務」の出題は、海外旅行実務を取り扱うに当たり、繰り返し出題される問題によって基本的な事項を確実に把握している点を試す部分と、流動性のある事象を問う問題によって変化する旅行事情をフォローしていく力を試す部分を合わせて出題している。これらを試すことにより、堅実かつ将来の展望を持てる旅行業界人が求められている、ということを示すことが出題意図にあると考える。

注
1)　赤松宏和「「観光立国」は実現するのか？」『立法と調査』209号（2007.6）5－6頁。
2)　観光立国推進戦略会議「観光立国推進戦略会議報告書」（2004）。
3)　国土交通省総合政策局観光事業課「旅行業法施行規則の一部を改正する省令について―第3種旅行業務の範囲の変更について」（2007.3.12）
4)　内閣法制局法令用語研究会編『有斐閣法律用語辞典』有斐閣（1993）879、578頁
5)　同上書、1083頁。
6)　観光経済新聞 kankokeizai.com（2009.9.12）
7)　「貸切バスの安全確保対策に関する行政評価・監視結果に基づく勧告」
8)　観光庁「「通訳案内士法及び旅行業法の一部を改正する法律案」を閣議決定」（2017.3.10）
9)　なお、他科目の問題分析においても共通するが、試験という性格上、その分析についてのウラを取ることは難しい。もちろん、担当行政官や試験出題者を探し出し、ヒアリングを行うなどにより、事実を確認できるかもしれないが、そのような行為はコンプライアンス上問題が生じよう。本書の目的は、試験問題を通じて旅行業界を政策的にどう導きたいか、業界人の中核的人材になる旅行業務取扱管理者にメッセージとして何を伝えたいかを検討の上、読み取ることなので、ウラが取れるものだけに限り慎重に論ずることは、内容が空疎なものとなりかねない。したがって、これまでの事実や背景から導き出されると考える分析には、検討した事実や背景に基づく推論や可能性を前提に述べていることもある。こういう手法は、学術論文としては難点となると考えるが、分析を通じて、旅行業界人なら誰もがかかわる旅行業務取扱管理者試験が、その試験を通じて関係者に、何を伝えたいか、何を望んでいるのか、を伝えることは必要であると考えている。そのため、ここでは、著者の思い込み、感想、期待も含まれてしまうが、その記述が、

事実に反するというエビデンスを提示してもらえば旅行業界のあり方に対しての大いなる参考になると考えるので誠にありがたい。

10)　廣岡裕一「旅行業務管理者試験における適問の考察」ホスピタリティ・ツーリズム専門学校大阪教育研究センター編『ホスピタリティ・ツーリズム研究論集』（2007）10 頁。

11)　なお、住宅宿泊事業法にともなう旅行業法施行規則の改正の施行は、2018 年 6 月15 日であったため、2018 年 6 月 1 日を基準として出題された 2018 年度の国内旅行業務取扱管理者試験では、本改正にかかわる出題はできない。

12)　内閣法制局法令用語研究会編、前掲書、968 頁。

13)　観光庁 http://www.mlit.go.jp/kankocho/page06_000133.html（2020.5.3 確認）

14)　2017 年分。日本旅行業協会（JATA）広報室『数字が語る旅行業 2019』日本旅行業協会（JATA）広報室、2019 年、7 頁。

15)　JTB 総合研究所「女性の韓国旅行の実態調査」（2012）4 頁。

16)　公益財団法人日本交通公社『旅行年報 2019』公益財団法人日本交通公社（2019）43 頁。

17)　国土交通省海事局外航課「「我が国港湾へのクルーズ船の寄港回数及び訪日クルーズ旅客数」について「資料1　2018 年の我が国のクルーズ人口等の動向について」」（2019 年 6 月 2 日）。

Ⅴ　まとめ

　本書では、国家試験である旅行業務取扱管理者試験の分析を試みた。この試験問題を分析することにより、実施者が出題を通じて、旅行業界に何を求めているのか、関係者に何を伝えたいのか、そこからどのような展開を導きたいのか、という政策的な展望を明らかにすることで、本試験の意味を広く認識してもらう意図がある。

　それぞれの科目の分析から導き出した具体的な内容は、各科目の分析で示したが、ここでは、全体をみてこの試験を通じて示されているとみられる指向についてまとめる。しかし、全体をみて示される方向性と述べたが、「旅行業法令」や「約款」の法規範にかかわる科目と「国内旅行実務」や「海外旅行実務」といった実務系の科目では、共通する部分もあるが、その現れの色合いが多少異なる。

　前者の法規範にかかわる科目については、そもそも、旅行業務取扱管理者試験を通じて消費者保護のための旅行業法や約款が浸透している意義がある[1]。それに加えて、新たな制度がどのようになっているのか、を試験を通じて周知させる意向が強く出ている。これは受験者を通じて、その要点が業界内に広がることを期待する意図があるのではないか、と考える。さらに、施行されている法令では、刻々と変化する業界の環境には、対応しきれない課題がある。現実的には、解釈の通達を周知させることで対応しているが、これは出題範囲にならない。しかし、その課題に関係する法令にかかわる問題を出し、その問題を深く考えると当該課題に関心が行くように導き、当該課題への問題意識の醸成を試みようとする思惑も感じられる。

　一方、後者の実務系の科目でも、新たな事案についての、情報を吸収できているかの能力も試されている。ここでの、新たな事案への情報吸収力は、

旅行業務取扱管理者として、業界動向に絶えず目を配っているか、の資質についての実務能力の考査であると考える。実務系の科目では、あわせて、定番ともいえる基本的な問題も出題されていて、政策実現より業界人の能力の確認という部分に比重がかかっていると思える。もちろん、定番的で基本的な問題の出題は、法規範系の科目も同様であるが、ここには、業界人の能力の確認という意味に加えて、この能力を持つことが、すなわち定番化された問題が定番であること自体が、政策的な意向の現れであるともいえる。もっとも、「約款」のみならず「海外旅行実務」においても、クルーズの問題が近年続けて出題されていることなどは、クルーズの推進という政策的意向が実務系の問題にも反映されているともみえる。

　法規範系の科目、実務系の科目、いずれにしても、この試験では、新たな動きを注視して対応できているか、をみられていることは変わりない。一方で、当然、基本的な知識も確認される。その上で、総合旅行業務取扱管理者試験では、より速やかに新たな動きへの対応を試す傾向がある。対して、国内旅行業務取扱管理者試験では、迅速な情報の獲得よりも基本的な知識に比重がかかっている。これは、「国内旅行実務」の科目における分析でも示したが、小規模な旅行業者が多い国内旅行のみを取り扱う旅行業従事者において、基本的な知識の確実な取得を徹底する意図があるのではないか、と考える。もっとも、実際の出題を検討すると、このように考えた前提とは、離れる問題も時にはみられた。もちろん前提は、分析から判断した結果であり、作問者においてこうした前提を思料していないからかもしれない。また、そもそも、このような前提は、はじめからあったものではなく、こういう前提を基にした作問指針があるのかどうかもわからない。この前提は、これまでの問題を分析して帰納的に導いた結果である。また、前提から離れたと考える問題があったとしても分析が精緻さに欠ける結果によるものかもしれない。しかし、やはり前提から離れる問題は、前提に多少のぶれがあったとしても、旅行業務取扱管理者試験の本旨とは、ずれがあるように判断できる。なぜなら、試験問題を分析した結果、上述のような前提が導き出されると考えられるのは、前提を意識しなくともそのような意向が習性的にあり、それが問題

作成に反映されているといえるからである。しかし、前提をはっきりと意識していないとすれば、他の要因が生じたとき、前提は曲げられないという信念が働かない。その結果、問題にずれが生じる。そのような問題は、各科目の記述で指摘している。

このように、「総合」「国内」それぞれで比重に違いはあるものの、旅行業務取扱管理者試験においては、旅行実務に必要な普遍的・基本的な知識と業界を取り巻く環境における新たな情報を吸収する能力を試している。すなわち、旅行業務取扱管理者には、この能力をもって、旅行産業における展望を見渡すことが望まれているのである。

さて、以上は、試験問題の分析から、出題者がこの試験を通じて、実現したいと考える意図である。出題者がこのような意図をもって旅行業務取扱管理者試験を作成しているとして、次には、この是非を検討しなければならない。このようなことは、考えていないのかもしれないが、結果として、このような意図を導くと分析されるのであれば、そのような意図があったと判断されても仕方がない。この是非である。

本書では、その検討まで行う余力がないので、これからの課題とするが、旅行業界関係者と本試験関係者は、旅行業務取扱管理者試験によるこうして分析された問題の効果を、さらに吟味していく必要があると考える。そのための議論によって、この試験の問題作成のためのより高次な「前提」が形成されてくる。すなわち、こういう作業が、旅行産業の発展に寄与する一要素となっていくのである。

旅行業務取扱管理者試験は、旅行業界人においては試験が形骸化して、実務に役立たない問題が出ている、旅行業務取扱管理者制度も十分機能していないという意見が多くみられる[2]。このことからは、旅行業界において旅行業務取扱管理者試験の意義についてよく考えられていないことが推察できる。つまり、営業所に1人以上選任しなければならないので、仕方なく試験を受け、忙しいのに勉強させられると思っている旅行業者や受験者も多いだろう。その結果、受かればいいという心構えになり、小手先の受験対策をしてしまう。これでは、試験問題を解答できたとしても役に立たない。試験が終われ

ば、インプットされたものの記憶がなくなってしまう。試験問題の内容と実際の旅行実務をリンクさせられていないからだ。作問技術としては、このあたりの克服も課題となるだろう。

　こうした課題を認識しつつ、旅行業務取扱管理者試験が、より旅行産業の発展に寄与するものになることが望まれるのである。それは、出題者たる行政の問題としてだけではなく、関係者が望ましい旅行産業に対する信念を持って圧力をかけていくことで改善されていくものと考えるのである。

注
1)　廣岡裕一「旅行業務取扱主任者の役割」『政策科学』11 巻 2 号（2004）161 頁。
2)　同上、159 頁。

あとがき

　本書は観光関係の資格講座を実施している株式会社ツーリズムアカデミアの平田眞康社長の発案で執筆した。その意図するところは、資格試験に合格したからといっても、その本旨を合格者が理解できているだろうか、という疑問からである。旅行業務取扱管理者試験については、合格対策のための本はたくさん出ている。しかし、資格を取った後、その資格が設定された意図を十分理解していなければ、資格取得の効果は大きく減じられるだろう。合格者個人の立場としては、それでも、資格という箔がつき自らのステップアップに資するという効果はある。しかし、公の視点でみた場合、その資格は生きない。資格の意図が理解されていなければ、場合によっては、負の作用を及ぼすことさえ考えられる。資格は合格するだけでなく、その意義を知ることと試験問題が意図する効果を認知することによって、より社会の貢献に寄与できるのである。

　したがって、本書は試験対策の本ではない。旅行業務取扱管理者試験の問題がどういう意図を持っているかを分析した本である。だから、試験を受けようとして、最初に手を取ってみても、理解できないところが多いだろう。そのため、業界用語など旅行業界人以外にはわかりにくい語には脚注を付けている。しかし、旅行業務取扱管理者試験に対する勉強を一通り終わってみてから読むと、本書の内容は理解できる。そして、この試験が何のためにあるのかということもあわせて了解できるはずである。すなわち、試験合格後も、本当に旅行業務取扱管理者試験の成果を生かせるのである。もし、一通り勉強しても、本書の内容が理解できないのであれば、その受験勉強はどこかずれたやり方をしていたといってもいいだろう。ただ、小手先の受験技術で合格をつかむこともできるので、本書が理解できなくても必ずしも合格できないというわけではない。しかし、本書は、試験受験者にとって真に、旅行業務取扱管理者試験の内容をしっかり理解できたかの確認における最後の

判断基準になる本でもある。また、過去に旅行業務取扱管理者試験に合格され
れて、旅行実務の場におられる方々においては、試験実施者はいかなる展望
を旅行業界に伝えようとしているのか、を認識することで旅行産業のイノ
ベーションを考えるヒントの種になる書でもあるとも考えている。

　本書は、当初の計画では、ツーリズムアカデミアの資格講座受講者の協力
を得て、受験者がどのように解答するかの傾向も分析する予定であった。こ
れには、多変量解析による分析を用いる研究者などを含め共同研究とする予
定であったが、今年度は新型コロナウイルス感染症により、講座が開かれな
いこともあって、まずは、廣岡担当部分の試験問題そのものの分析を先行し
て、出版することとした。残された研究は本書をバージョンアップする際に、
あらためて加えたいと考えている。

　なお、本書の刊行にあっては、文理閣の山下信編集長にご尽力を賜った。
心より感謝を申し上げる。

　本書においては、先行研究や調査に拠る知見については各章末に引用注を
付けているが、条文や通達、普遍的な事実について依拠した情報源は、複数
の参考元から得た内容を総合したこともあり、煩瑣になるため省略している。
また、インターネット上から取得した文献・資料等についても、その文献・
資料等の名称と公表年等は示しているが、原則、URL と閲覧年月日は冗長に
なるので、これも省略した。

　　　2020 年 7 月　　　　　　　　　　　　　　　　　　　　廣岡裕一

著者紹介

廣岡裕一 （ひろおか・ゆういち）

1962 年京都市生まれ。立命館大学法学部卒業、経営学研究科博士前期課程、政策科学研究科博士後期課程修了、博士（政策科学）。旅行会社、森谷学園（現・トラベルジャーナル学園）、和歌山大学観光学部教授等を経て、現在、京都外国語大学国際貢献学部グローバル観光学科教授。著書『旅行取引論』（2007 年、晃洋書房）、『変化する旅行ビジネス』（共編著、2003 年、文理閣）、『観光入門　観光の仕事・学習・研究をつなぐ』（共編著、2011 年、新曜社）ほか

旅行業務取扱管理者試験の分析

2020 年 9 月 25 日　第 1 刷発行

著　者　　廣岡裕一

発行者　　黒川美富子

発行所　　図書出版　文理閣
　　　　　京都市下京区七条河原町西南角　〒600-8146
　　　　　TEL (075)351-7553　FAX (075)351-7560
　　　　　http://www.bunrikaku.com

印刷所　　株式会社吉川印刷工業所